오늘도 조금씩

오늘도 조금씩

초판 1쇄 펴낸 날 | 2015년 12월 21일

지은이 | 김우태
펴낸이 | 이금석
기획 · 편집 | 박수진
디자인 | 김경미
마케팅 | 곽순식
경영지원 | 현란
펴낸곳 | 도서출판 무한
등록일 | 1993년 4월 2일
등록번호 | 제3-468호
주소 | 서울 마포구 서교동 469-19
전화 | 02)322-6144
팩스 | 02)325-6143
홈페이지 | www.muhan-book.co.kr
e-mail | muhanbook7@naver.com
가격 13,000원
ISBN 978-89-5601-401-2 (03320)

오늘도
조금씩

김우태 지음

저는 '깔짝'거리는 것을 좋아합니다.

한 번에 왕창 하는 것을 별로 좋아하지 않습니다. 제가 열정적이지 못하기 때문입니다. 하루 정도는 할 수 있을지 몰라도 며칠 동안 계속 그렇게 하지 못합니다. 체력이 약하고, 인내심도 없고, 진득하지도 않고, 우유부단하며, 끈기도 없습니다.

예전 군대 시절이 떠오릅니다. 우리 중대는 진지 구축하는 일에 투입되었습니다. 제가 속한 소대는 마대에 흙을 담기 위해 삽질을 해야 했습니다. 하루 종일 삽질을 해야 했던 것이죠. 한창 삽질을 나름 열심히 하고 있는데, 고참이 이렇게 말했습니다.

"야, 너 삽질 제대로 안 하고 깔짝댈래?"

혼이 난 것입니다.

그러더니 그는 "이렇게 푹 퍼서 팍팍 하란 말이야! 깔짝거리지 말고!"라고 윽박질렀습니다. 저는 얼떨결에 "네, 알겠습니다"라고 대답하고 그가 하는 것을 일하면서 지켜봤습니다. 그는 정말 말대로 푹 퍼서 팍팍 담았습니다.

물론 저도 힘이 넘치고 덩치가 좋다면 '푹 퍼서 팍팍' 하고 싶습니다. 그런데 그게 저는 안 됩니다. 아마 5분 그렇게 하고 55분 앓아누워야 할 겁니다. 그렇다면 저 같은 종자들은 그냥 죽으란 말씀입니까? 나약하기에 매사 열정적으로 열심히 살 수 없습니다. "○○ 상병님, 저는 저만의 스타일이 있습니다. 저는 깔짝거리지만 꾸준히 계속할 수 있습니다"라고 말하고 싶었지만, 군대라 할 수 없었습니다.

매사 열정적이고 적극적으로 살아가는 사람들을 보면 부럽습니다. 하루에 잠 4시간을 자며 용맹정진 하는 사람들을 보면 놀라울 따름입니다. 그러나 저는 그런 체력과 열정이 없습니다. 인생에 대해 심드렁합니다. 저처럼 인생을 살고 있는 사람들에게는 성공이라는 단어는 어색하기만 한 것일까요? 매 순간 열심히 살 수는 없지만, 매일 조금씩 깔짝대서는 성공할 수 없는 것일까요?

저는 인생을 열심히 살고 싶지 않습니다. 힘이 들고 금세 지치기 때문입니다. 그렇지만 매일 조금씩 깔짝일 수는 있습니다. 이 정도만 해도 인생에서 많은 것을 얻을 수 있다고 생각합니다. 매일 조금씩 티끌 모아 태산을 만들어 내듯이 천천히 가는 방식입니다.

인생을 불꽃놀이 하듯 화끈하게 살아가는 게 아니라 물이 끓어오르듯 천천히 가는 것입니다. 미친 듯이 며칠 바짝, 몇 달 바짝, 몇 년 바짝 인생을 사는 것이 아니라 천천히 조금씩 할 수 있는 만큼만 하는 것입니다. 매일 조금씩 하다보면 긴 인생에서 뭐라도 하나 건질 수 있지 않을까요?

그렇게 열심히 삽질을 하던 고참은 오래 가지 못했습니다. 화끈하게 열심히 하고 그만큼 쉬는 시간도 길었습니다. 삽질한 흙의 양이 제가 깔짝거리는 양보다도 적었습니다. 일하는 순간만큼은 누가 봐도 정열적으로 열심히 하는 것처럼 보였지만 결과는 저보다 못했습니다.

　세상살이에는 정답이 없다고 합니다. 생긴 대로 사는 게 정답일 것입니다. '푹 퍼서 팍팍' 스타일은 그렇게 살면 됩니다. 힘이 없어서 '깔짝대는' 타입은 제가 이 책에서 써놓은 것처럼 매일 조금씩 해나가면 될 것 같습니다.

　시작은 굉장히 미약할 것입니다. 보이지도 않을 겁니다. '내가 뭔가를 하긴 해?'라는 의문도 들 것입니다. 뭔가를 하는 것 같은데 안 하는 것 같기도 하고 이게 도대체 뭐하는 것인지, 죽도 밥도 아닌 듯 느껴질 겁니다. 그러나 계속해서 꾸준히 하다보면 어느 순간 생각보다 많은 것을 해놓은 것을 발견할 수 있게 되며, 그쯤 되면 습관으로 몸에 찰싹 붙게 되어 가속도가 생겨나게 될 것입니다. 대충 시작합시다. 대신 '날마다 조금씩' 해봅시다. 그러다보면 끝은 반드시 창대해질 것입니다.

—김우태

목차

2장
보步 – 보통의 존재가 역전되는 삶

3장
천千 – 천천히 한 발씩 내딛는 삶

4장
리里 - 이상이 현실이 되는 삶

1장

우牛
- 우직한 마음을 지닌 삶

핑계는
김건모 노래로만 부릅니다

　남극점 탐험을 위해 노르웨이의 아문센과 영국의 스콧이 동시에 출발했습니다. 아문센은 남극점을 찍고 무사히 귀환했습니다. 스콧은 남극점을 찍었지만, 끝내 살아서 돌아오지 못했습니다.

　왜 이런 결과가 나온 것일까요? 아문센은 날씨가 좋으나 나쁘나 매일 20마일씩 전진하기로 원칙을 세웠고, 스콧은 날이 좋으면 많이 가고, 날이 나쁘면 조금만 가든지 쉬자는 원칙을 세웠다고 합니다. 아문센 팀은 날씨가 좋으나 나쁘나 매일 20마일씩 걸어 나갔기 때문에 어떻게 하면 매일 20마일씩 갈 수 있을까에 집중할 수 있었습니다. 하지만 스콧 팀은 오늘은 날씨가 좋은지 나쁜지에 대한 의견 충돌에 시간을 소비하면서 정작 앞으로 나가는 것에 대해 소홀히 했습니다.

매일 조금씩 무언가를 하기로 계획했는데, 사람이라는 것이 머리를 굴릴 줄 알아서 자꾸 타협하려 듭니다. 오늘은 비가 오니까 몸이 찌뿌둥하네, 오늘은 좀 쉴까? 어떻게 매일 할 수 있어. 오늘은 그냥 쉬자. 내일 좀 더 많이 하면 되지, 라는 핑계가 마음에서 새록새록 피워 오릅니다. 이런 식으로 할까 말까 고민이 생기기 시작하면 악마의 속삼임이라고 생각하고 단호하게 뿌리쳐야 합니다.

원칙이 정해지면 몸의 컨디션이 좋든지 나쁘든지 무조건 실행해야 합니다. 스콧이 행했던 것처럼 실행에 앞서 판단을 하게 되면 결국 우리도 스콧의 운명을 따라갈 수밖에 없습니다. 매일 20마일씩 가기로 했으면 가야 합니다. 스콧은 날씨가 좋은 날에는 100마일씩 갔고, 날씨가 좋지 않은 날에는 그냥 쉬었습니다. 언뜻 보면 스콧이 합리적일 것 같다는 생각이 듭니다. 그러나 과연 그럴까요?

잠깐 생각해 봅시다. 나라면 어떻게 했을 것인가. '굳이 날씨도 안 좋은데 20마일을 갈 필요가 있을까? 좋은 날에 더 많이 가면 되지 않을까? 뭐하러 눈보라가 치는데 두 배, 세 배 힘들게 갈 필요가 있겠는가? 사람이 기계도 아니고, 너무 비효율적이다'라고 생각이 들 것입니다. 어찌 보면 맞는 말인 것 같기도 하고, 틀린 말 같기도 합니다. 당신이라면 어떻게 하시겠습니까?

답은 이미 나와 있습니다. 우리는 아문센처럼 해야 합니다. 스콧의 생각이 자못 합리적일 것 같지만, 결과가 말해주고 있습니다. 그들은 가는 것보다 가기 전에 오늘의 날씨가 좋은지 그른지에 대해서 토론하는데 더 많은 시간을 소비했습니다. 소위 융통성이라는 것을 활용한 경우인데, 결국 돌아오는 길에 모두 다 꽁꽁 얼어 죽고 말았습니다.

매일 조금씩 하기로 했으면 그냥 하는 겁니다. 핑계 대지 않습니다. 핑계는 김건모 노래로만 부릅니다. 합리화시키지 않습니다. 우리는 합리적이지 못합니다. 타협도 하지 않습니다. 타협은 남과 하는 것이지 본인과 하는 것이 아닙니다.

머리로 살지 않고,
몸으로 삽시다

　자전거를 처음 배울 때 자전거가 왼쪽으로 기울면 오른쪽으로 힘을 주고 오른쪽으로 기울면 왼쪽으로 힘을 주며, 자전거가 멈추기 전에 페달을 굴려 넘어지지 않게 하고, 속도가 너무 빠르면 브레이크를 잡아야 하는데, 왼손 브레이크는 뒷바퀴를 담당하고 오른손 브레이크는 앞바퀴를 담당하니까 갑자기 오른손 브레이크를 당기면 앞으로 꼬꾸라질 수도 있다는 등등의 여러 가지 이론을 배우게 됩니다. '머리'로 말이죠.

　그런데 처음에 머리로 배운 것을 머리에다 담아놓으면 자전거를 잘 탈 수 없습니다. '몸'이 그냥 알아서 해야 합니다. 매일 조금씩 타다보면 자연스럽게 몸이 자전거와 혼연일체가 되는 날이 오는데, 이

때는 머리로 타는 게 아니라 몸으로 타는 것이 됩니다.

자동차 운전도 마찬가지입니다. 머리가 아닌 몸이 알 때까지 덜덜 떨면서 운전을 배우지만, 몸에 완전히 익게 되면 전화하면서, 메모하면서, 담배를 피우면서, 주스를 마셔가면서, 심지어는 자면서도 운전을 할 수 있게 됩니다. 그냥 저절로 되는 것이죠. 이런 단계까지 우리는 뭔가를 매일 조금씩 해야 합니다.

머리라는 놈은 영악합니다. 자기가 생각하고 싶은 대로 생각합니다. 그리고 판단을 내립니다. 자신에게 합리화시키면서 처음의 계획을 묵살하려고 듭니다. 살살 우리를 꼬드기면서 우리의 계획을 방해합니다. 머리는 우리 편이 아닙니다.

반면, 몸은 정직합니다. 몸에 익혀만 주면 자기가 알아서 해버립니다. 애초의 명령 따위는 말해주지 않아도 스스로 알아서 돌아갑니다. 담배를 피우라고 명령을 내린 적도 없는데, 어느 순간 손에 담배가 들려있고, 술에 취해 정신이 없어도 우리를 집 앞까지 몸이 알아서 데려다 줍니다. 집에 오자마자 TV부터 켜는 것은 내가 머리로 명령을 내린 것이 아닙니다. 그저 몸이 알아서 반응하는 것입니다. 언제 TV를 켰는지조차 모릅니다.

이렇게 몸이 알아서 돌아가게 만들려면, 매일 조금씩만 해주면 됩니다. 매일 조금씩 하다보면 리듬을 타게 되는데 리듬을 타다보면 그게 습관으로 장착됩니다. 몸에 장기자동명령을 심어주는 겁니다. 21일의 법칙이라는 말이 있습니다. 습관으로 만들려면 21일이 걸린다는 얘긴데, 매일 조금씩 하지 않으면 21일간을 버텨낼 수 없습니다. 3일도 제대로 하기 힘든데, 어떻게 21일 동안 할 수 있겠습니까. 그리고 제 경험에 의하면 21일도 짧다고 생각듭니다. 적어도 1년은 해야 몸에 자동적으로 붙게 됩니다. 그래야 완벽하게 머리가 아닌 몸으로만 사는 단계가 옵니다.

달인이 있습니다. 그들이 바로 몸으로 사는 사람들입니다. 우리가 궁극적으로 추구해야 할 사람들입니다. 신문배달의 달인은 오토바이를 오른손으로 몰면서 왼손으로 신문지를 뒤에서 꺼내 접어서 휙 집 앞까지 던지면 그대로 골인됩니다. 한 치의 오차도 없습니다. 세탁의 달인은 세탁물을 분리할 때 세탁기 쪽은 쳐다보지도 않고 빨간 옷은 1번 세탁기에 던지고, 흰 옷은 2번 세탁기에 던지고, 3번, 4번 쭉쭉 던져도 잘못 들어가지 않습니다. 다 몸이 알아서 합니다. 이들은 머리로 계산해서 하지 않습니다. 몸이 다 알아서 해주는 겁니다.

타협은 남과 하는 것이지 본인과 하는 것이 아닙니다.

매일 조금씩 해야
습관이 됩니다

늦은 시간에 퇴근을 하고 집으로 돌아왔습니다. 매일 조금씩의 약속에 따라 글 한 꼭지를 썼습니다. 그냥 그게 습관이 되어버렸습니다. 아무리 힘들고 지친 날이라도 매일 조금씩 하다보면 그게 습관이 되어버립니다. 습관이 되어버리면 몸의 컨디션이나 상황에 흔들림 없이 매일 할당량을 채울 수 있게 되는 것이죠.

매일 조금씩 하는 것의 가장 큰 장점은 하다보면 습관이 되어버린다는 점입니다. 습관으로 몸에 달라붙게 되면 힘들이지 않고도 그 작업을 수행할 수 있습니다. 습관이 사람을 만든다는 말이 있죠. 습관이 되어 몸에 찰싹 달라붙게 되면, 거의 다 이루었다고 봐도 무방합니다. 습관이 되어버리면 의식적으로 노력을 하지 않아도 몸이 저절로 약속을 행하게 됩니다. 결국 시간이 지나면 이루어집니다.

저는 소설 《태백산맥》 필사를 완료하였습니다. 정확하게 1152일이 걸렸습니다. 총 10권입니다. 한 번에 많이 하려고 했다면 절대로 필사를 완성할 수 없었을 것입니다. 그래서 저는 매일 조금씩만 했습니다. 그렇게 하다 보니 10권까지 할 수 있었던 것입니다.

매일 조금씩 영어공부를 하다보면, 어느새 자신도 모르게 영어공부를 하게 됩니다. 그냥 몸이 저절로 움직여지는 것이죠. 습관이 되어 버린 겁니다. 머리가 아닌 몸이 그냥 저절로 움직여집니다. 몸이 저절로 움직이게 되는 것은 의식적 노력 없이 자연스럽게 이루어지는 것으로 잠재의식 속에 녹아있기 때문입니다.

한 번에 많은 양을 해치우려고 하면 절대로 습관화할 수 없습니다. 몸에 부담이 적은 양으로 시작해야 하고, 늘 그 양을 지켜야 합니다. 배에 근육을 만들기 위해 무리하게 하루에 천 개씩 윗몸일으키기를 해봤자, 결코 복근을 만들지 못합니다. 매일 할 수 있는 양을 정해서 조금씩 해야 습관이 되어 나중에 복근을 완성할 수 있는 것입니다.

하루에 천 번의 윗몸일으키기를 했다고 칩시다. 매우 뿌듯할 것입니다. 그리고 왠지 배에 근육이 생긴 것만 같이 느껴집니다. 힘도 무진장 들었고, 노력도 많이 했으므로 스스로 만족감 또한 엄청날 것입니다. 하지만, 그뿐입니다. 다음날엔 절대로 오늘과 같이 천 번을 할 수 없습니다. 왜냐면 이미 배엔 엄청난 무리가 갔을 것이고, 제대로 배에 힘조차 주지 못하게 근육이 망가졌기 때문입니다. 그러므로 앞으로 3~4일간은 꼼짝도 못하게 됩니다. 결국 배에 근육 새기는 일은 저 멀리 날려 보내게 됩니다. 이렇듯 무리하면 안 됩니다. 무리하면 될 것도 안 됩니다.

그러지 말고, 매일 조금씩 해보는 겁니다. 매일 하루에 열 개씩만 해보는 겁니다.

대신 매일.

열 개는 누워서 떡 먹기처럼 쉽습니다.

대신 매일.

열 개는 아무리 힘든 막노동을 하고 왔어도 할 수 있는 양입니다.

대신 매일.

열 개는 몸살이 나서 앓아누워도 할 수 있는 양입니다.

아주 적은 양으로 시나브로 매일 하다보면 습관으로 몸에 새겨지고, 몸에 새겨지면 노력하지 않아도 자동적으로 매일 반복하게 되고, 결국 자신이 처음에 세운 계획대로 이루어지게 되어 있습니다.

매일 조금씩 하다 보면 깜짝 놀라는 경우가 생깁니다. 어느 시점에서 뒤를 돌아봤을 때, '혁, 내가 벌써 이만큼이나 했어? 나도 모르는 사이에?'라는 생각이 듭니다. 이런 느낌이 들면 시간은 내 편이 되어 있는 것이죠. 시간을 내 편으로 만들게 되면 세상 사는 것이 조금은 재밌어집니다. 쉽게 삽시다. 매일 조금씩만 합니다. 그럼 됩니다.

돈도 마찬가지입니다. 매일 조금씩 모으면 됩니다. 단박에 부자가 되려고 하니까 어려운 것이죠. 번 돈보다 적게 쓰면서 돈을 모으다 보면 부자가 될 수 있습니다. 한 방에 되는 것이 어디 있겠습니까. 이런 말이 있습니다.

"자고 일어났더니 스타가 되었어요."

다 거짓입니다. 스타가 되기 위해서 그는 매일 연습하고 훈련하고 노력한 것입니다. 물론 가열차게 노력을 했겠지만, 우린 그렇게까지 살진 맙시다. 어차피 오래 하지도 못합니다. 그냥 쉽게 삽시다. 다만, 매일 조금씩만 하면서 삽시다. 그만큼만 해도 이룰 수 있는 것이 얼마든지 널려 있습니다.

삘(feel) 받는 날이라고
달리지 않습니다

매일 조금씩 하는 것은 매우 중요합니다. 매일 하는 것도 중요하지만 '조금씩' 하는 것도 중요합니다. 매일 조금씩 하다보면, 어떤 날은 하기 싫은 날이 있고, 어떤 날은 소위 '삘' 받는 날도 있습니다. 신체 리듬이 변하기 때문에 매일 일정하지 않습니다. 그래서 힘이 드는 겁니다. 사람이 매일 일정하게 기계처럼 돌아간다면 세상 못 이룰 것이 없습니다. 하지만 인간은 바이오리듬을 탑니다. 삘 받는 날과 그렇지 못한 날이 공존합니다. 매일 삘 받는 날이면 얼마나 좋겠습니까. 하지만 절대로 그런 일은 일어나지 않습니다.

그래서 중요한 것이 '조금씩'입니다. 이 조금씩이라는 개념은 '아무리 컨디션이 나빠도 할 수 있을 정도의 양'입니다. 하루에 할 수 있는 양을 굉장히 보수적으로 잡아 놓은 것이죠. 이게 중요합니다. 예를 들어 책 한 권을 쓰려고 하는 작가가 있다고 칩시다. 그는 한 권의 책을 쓰기 위해 A4 용지 100장을 써야 합니다. 그의 능력은 아무리 컨디션이 나빠도 하루에 한 장 정도는 쓸 수 있습니다. 컨디션이 좋은 날은 10장도 가능하고, 아이디어도 펑펑 쏟아지지만 그는 꼭 하루 한 장만 고집합니다. 이게 바로 '조금씩'의 개념입니다.

뻘 받는 날이라고 달리진 맙시다. 좀 아껴놓는 겁니다. 왜냐하면 뻘 받는다고 달리게 되면 원칙에 벗어나기 때문이죠. "많이 하면 좋은 것 아니냐, 오늘은 공부 좀 되는데 더 하면 안 되냐"고 반문하는 사람들도 있을지 모르겠습니다. 하지만 아무리 영감이 넘치고, 에너지가 넘쳐도 원칙을 고수해야 합니다. 원칙을 그런 식으로 하나 둘 깨다보면, 그냥 하루를 넘기는 날도 생기기 때문이죠. '어제 많이 했으니, 오늘은 안 해도 되겠지'라는 생각이 들기 시작합니다. 그렇게 되면, 결국 '매일'이라는 원칙이 깨지게 됩니다. 그게 바로 그 유명한 '작심삼일'입니다. 작심삼일을 하지 않으려면, 매일 조금씩 해야 합니다. 뻘 받는 날이라고 달리다보면, 꼭 그런 일이 생깁니다.

앞서 말했던 작가 이야기를 좀 더 해보겠습니다. 뻘 받는 날임에도 불구하고 그는 한 장만 썼습니다. 새록새록 떠오르는 영감은 잠시 저장해 두기로 했습니다. 내일을 위해서인 거죠. 만약 내일 컨디션이 급난조를 보여 아무런 영감도 떠오르지 않는다면, 그땐 어떡할 것입니까. 그럴 때 써먹으려고 저장해 놓는 것입니다. 해 뜰 날이 있으면, 궂은 날도 있는 법이죠. 궂은 날을 위해 대비하는 것이 중요합니다. 궂은 날이라고 글쓰기를 내려놓으면 안 됩니다. 그 궂은 날이 몇 날 며칠 계속 된다면 어떻게 할 것입니까. 계속 손 놓고 있을 것인가요. 그렇게 되면 또 작심삼일이 되고, 자기비하, 패배주의에 빠지게 되고, 자포자기의 상태에 빠지게 됩니다.

'언제 이렇게 조금씩만 해서 뭘 이루겠어'라고 조급한 마음도 들 것입니다. 그러나 조금만 더 견뎌냅시다. 완전히 몸에 찰싹 달라붙을 때까지는 '매일 조금씩'만 해봅시다. 그래야 합니다. 그렇게 하다보면 언젠가 딱 하고 느낌이 오게 됩니다.

'아, 이젠 매일 조금씩이 아닌 매일 많이씩도 할 수 있겠구나!'

그때까지는 절대로 삘 받는다고 달리지 맙시다. 죽을 때까지 작심삼일의 함정에 빠져 허우적거리지 맙시다.

하루 못했다고
자책하지 않습니다

매일 조금씩 하는 것을 원칙으로 삼아서 그렇게 살고 있다고 칩시다. 매일 조금씩 하다 보니 재미도 생기고 보람도 생기게 됩니다. 서서히 습관이 되어 가는 것 같기도 하고, 이렇게 매일 조금씩 하다보면 뭔가 이루어질 것 같은 느낌도 강하게 받곤 합니다. 하루가 다 지나기 전에 본인 스스로 정한 일에 대해서 매일 조금씩 하는 것에 우선순위를 두어 하늘이 두 쪽이 나도 그 일을 끝마쳐야 하는 강박증까지도 생기게 됩니다. 하고 나면 상쾌해지고, 본인의 생각대로 사는 것 같기도 해서 기분도 좋습니다.

그러나 세상살이는 항상 생각대로 되지는 않습니다. 분명 살다보면 매일 못하는 경우가 반드시 생기게 됩니다. 자신이 세웠던 '매일'

이라는 원칙에 위배되는 상황이 오는 것이죠. 이럴 때는 어떻게 하겠습니까? 원칙을 지키지 못했다고 자책하면서 울며 불며 짜증내봐야 소용없습니다.

김 대리는 회사원입니다. 김은 요즘 사진에 푹 빠져있습니다. 사진이라는 것이 생각보다 예술적 감각이 필요하고, 구도 잡는 것 또한 엄청난 내공이 필요하다는 것에 요즘 쏠쏠한 재미를 느끼고 있는 중입니다. 같은 물체라도 어느 각도에서 어떤 조명으로 찍느냐에 따라 작품이 달리 나오는 것에 묘한 매력을 느끼고 있습니다. 그래서 그는 매일 조금씩 사진 공부를 하고 있습니다. 퇴근 후 집에 돌아와 사진 공부하는 것이 하루를 사는 이유가 되었습니다. 그만큼 푹 빠져있습니다. 하지만 회사원인 그에게는 복병이 있었으니, 바로 야근이었습니다.

"김 대리, 오늘 철야야! 마감이 얼마 남지 않았으니, 집에 갈 생각하지마!"라고 말하는 박 부장이 정말 미웠습니다. 김 대리는 짜증이 솟구쳤습니다.

'아! 어서 집에 가서 사진기 갖고 놀고 싶은데 미치겠네!'

야근이고 뭐고, 직장이고 뭐고, 월급이고 뭐고, 다 때려치우고 싶어진 것이죠. 매일 조금씩 해야 하는데, 오늘은 못 하겠구나, 생각이 드니 화가 나기 시작하고 박 부장이 그토록 미울 수 없었습니다. 김 대리가 하루를 사는 이유는 사진인데, 그걸 못하게 생겼으니 그럴만하지요.

김 대리의 이야기 말고도 그와 비슷한 예는 얼마든지 있습니다. 갑자기 누가 돌아가셨다든지, 제사가 있다든지, 가족 중 누군가 아프다든지, 많은 일들이 예기치 않게 옵니다. 이럴 때는 원칙을 잠시 넣어두는 것이 좋습니다. 자신의 손으로 어찌 할 수 없는 상황에 짜증만 내 봤자 아무런 득이 없습니다. 이럴 땐 과감히 그날은 포기를 하십시오.

오늘이 아니면 내일 하면 됩니다. 그렇다고 '오늘 못 했으니, 내일은 두 배로 해야지'라고 생각하지 맙시다. 그냥 그날은 비워두는 날입니다. '내일 제사가 있으니, 오늘은 내일 것까지 두 배로 해야지'라고 생각하지도 마십시오. 그것도 바람직하지 않습니다. 내일 제사가 있으면 그날은 쉬는 날입니다. 내일을 위해서 오늘 두 배를 하다보면, 과부하가 걸려 매일 할 수 없게 됩니다.

안 되는 날 가지고 백날 화내봤자 소용없습니다. 자기 손으로 어찌 할 수 없는 일은 그냥 놔둬버립니다. 다음날 하면 됩니다. 혹시 일주일간 출장을 간다면 어찌할까요? 일주일 동안 안 하면 됩니다. 갔다와서 시작하면 됩니다. 조급할 필요 없습니다.

다만, 매일 조금씩만 하면서 삽시다.

그만큼만 해도 이룰 수 있는 것이 얼마든지 널려 있습니다.

꿈 시간은 꼭 지켜냅니다

살면서 개인적으로 이루고 싶은 소망이나 소원이 있을 것입니다. 밥벌이 말고, 순수한 개인적인 꿈 말입니다. 어떤 사람은 사진작가로 이름을 날리고 싶어 할 것이고, 또 어떤 사람은 경매도사가 되고 싶어 할 것입니다. 이런 꿈을 속으로만 삭히지 말고 만들어 봅니다. 매일 조금씩 하다보면 언젠가는 이루어지게 되어 있습니다.

하루 24시간 중에 자는 시간, 밥 먹는 시간, 볼일 보는 시간, 밥벌이하는 시간 등등을 빼고 나면 솔직히 자신에게 쏟을 수 있는 시간은 얼마 되지 않습니다. 그럼에도 불구하고 대부분의 사람들은 그 시간마저 TV에 빼앗기거나, 스마트폰에 흘려보내고 삽니다. 그러므로 온전히 자신만을 위한 시간을 확보하며 사는 사람은 극소수에 불구합니다. 바로 이런 극소수의 사람들만이 자신의 꿈을 만들 수 있습니다.

어느 편에서 살고 싶습니까. 대부분의 사람들이 그저 그렇게 살듯이 그럭저럭 살고 싶은가요? 아니면 그래도 기왕 태어났는데, 뭐라도 남기고 싶은 마음이 있으십니까? 선택은 자신에게 달렸습니다. 당신의 선택이 후자라면, 매일 조금씩 자신의 꿈을 향해 시간을 확보해 보는 겁니다.

꿈이 정해졌다면, 그 꿈을 이루는 시간을 저는 '꿈 시간'이라고 부릅니다. 꿈 시간을 매일 조금씩 확보해나가다 보면, 조금씩 꿈에 다가서게 되고, 나중에는 꿈을 이룰 수 있습니다. 오늘을 살면서 꼭 꿈 시간을 확보해서 매일 조금씩 하겠다는 각오를 다져 봅시다. 오늘을 사는 제1의 이유를 꿈 시간으로 가져보는 겁니다. 왜 사냐고 누군가 묻는다면, 꿈을 이루기 위해 산다고 말해봅시다.

하루를 살면서 어떻게 해서든 꿈 시간을 확보하는데 총력을 기울여야 합니다. 지하철 안도 좋고, 버스 안도 좋고, 다락방도 좋고, 화장실도 좋습니다. 오로지 자신과 독대할 수 있는 시간을 반드시 챙깁니다. 꿈 시간을 많이 가질 필요도 없습니다. 단 5분도 좋고, 10분도 좋습니다. 매일 꿈 시간을 즐겁게 보내다보면 습관이 되고, 나중엔 꿈도 이룰 수 있게 되니까요.

우리는 다만, 꿈 시간을 확보하기 위해 지속적으로 기회를 만들기만 하면 됩니다. 더 이상의 핑계는 필요 없습니다. 꿈 시간 확보를 위해 노력하다보면, 시간 관리는 저절로 되는 것을 경험할 수 있습니다. 어떻게 하면 자투리 시간을 이용할 것인지, 틈새시간을 어떻게 확보할 것인지 힘쓰다보면, 꿈 시간 확보를 위해 다른 일을 할 때도 집중력을 갖고 행하게 됩니다. 태만하게 인생을 사는 것이 아니라, 뭔가 계속 갈구하고, 계속 찾아보려고 하는 활력도가 높아지게 됩니다. 이런 시간들이 조금씩 쌓이다보면 자신의 정체성을 찾을 수 있고, 자아실현을 할 수 있게 됩니다.

하나가 되면
두 개. 세 개도 할 수 있습니다

매일 조금씩 하는 것이 습관이 되면, 하나뿐만 아니라 여러 개를
할 수 있게 됩니다. 예를 들어, 어떤 덩치 큰 짐승남이 침착성을 기르
고 싶어서 매일 10분씩 십자수를 하기로 결심했습니다. 꾸준히 하다
보니 몸에 익게 되었습니다. 슬슬 자신감이 생기고 재미도 붙었습니
다. 백지 상태였던 바탕에 멋진 문양이 서서히 떠오르게 되면서 보람
도 느끼게 됩니다.

하루 10분 십자수가 몸에 완전히 익게 되면, 다른 것을 노려볼 만
합니다. 그동안 따고 싶었던 자격증에 도전해보든지, 한자 공부를 해
보는 것입니다. 이것도 매일 조금씩의 원칙 아래 계획을 세웁니다. 십
자수로 재미를 봤으니, 어떤 것도 해볼 만해집니다. 하루에 투자하는

시간이 극히 짧기 때문에 나중에는 당연히 여러 가지를 도전하게 됩니다.

1.십자수 2.자격증 공부 3.한자 공부

십자수는 늘 그래왔던 것처럼 잠자기 전에 하고, 자격증 공부는 출퇴근하는 지하철에서 하기로 하고, 한자 공부는 점심시간을 이용해서 외우기로 했다고 계획을 세웠다면 잘하고 있는 것입니다. 이런 식으로 가지 수를 늘리다보면 자연스럽게 시간 관리에 철저해집니다.

하지만 욕심내서 가지 수를 너무 늘리지는 맙시다. 세 가지 정도가 적당합니다. 늘리게 되면 못하게 되는 것들이 생깁니다. 그게 며칠 동안 이어지면 결국 포기하게 됩니다. 그러니 처음에는 세 가지를 넘어서지 않는 게 좋습니다.

또한 이 세 가지 중에서도 우선순위를 둬야 합니다. 십자수, 자격증공부, 한자공부 중에서 절대로 하루라도 뺄 수 없는 것을 1순위로 둬야 합니다. 십자수를 1순위로 뒀다면, 다른 것을 못하더라도 십자수만은 꼭 하는 것이 좋습니다. 즉, 다른 것은 포기해도 십자수는 포기할 수 없다고 생각하는 것이죠. 시간이 흘러, 우선순위를 변경하는 것은 자기 마음입니다. 십자수를 통해 집중력이 길러졌다 생각되면, 다음으로 중요한 자격증 공부를 1순위로 두는 것입니다.

매일 조금씩 수행하다보면, 정말로 지치고 힘들어서 하기 싫은 날이 있습니다. 하루 종일 스트레스에 시달려서 체력이 완전 방전이 되었고, 그냥 푹 쉬고 싶은 날도 있습니다.

매일 조금씩의 원칙하에 그것을 수행하려 하는데, 기분이 나쁘고 기쁘지 않다면 그냥 하지 않으면 됩니다. 그런 날은 그냥 쉽니다. 하루 한 장 공부하기로 계획했는데, 도저히 다 못할 것 같으면 그냥 반 장만 해도 좋습니다. 기분 나빠하면서까지 열심히 하진 맙시다. 저의 경우 소설《태백산맥》필사가 지겨울 때는 단 한 글자만 적고 끝낸 적도 많았습니다. 제 원칙은 매일 한 장인데도 말이죠.

도끼를 갈아 침을 만듭시다

'마부작침'이라는 고사성어가 있습니다. 뜻을 풀면 다음과 같습니다.

磨 斧 作 針
갈 마, 도끼 부, 만들 작, 침 침 도끼를 갈아 침을 만들다.

도끼를 갈아서 침을 만드는 일입니다. 가만 생각해봅시다. 그 두꺼운 도끼를 갈고 갈아 침으로 만드는 일입니다. 과연 누가 할 수 있을까요. 요즘처럼 빠른 미디어 세상에서 마부작침하는 사람을 보면 멍청하다고들 손가락질할 것입니다. "그냥 기계에 넣고 갈아버리든지, 편의점에 가서 사면 되지"라고 핀잔을 줄 것입니다. 하지만 이럴 때

일수록 마부작침의 가르침은 소중해집니다.

　마부작침의 정성과 노력 없이 안 되는 것은 없습니다. 로또만 해도 마무작침하는 마음으로 꾸준히 사야 당첨되는 겁니다. 요즘 사람들 인터넷을 하다가도 조금만 버퍼링이 생기면 곧장 창을 닫아 버립니다. 배송이 바로 되지 않으면 다른 배송업체를 찾아봅니다. 빨리빨리 문화에 젖어 있는 것이지요. 책을 봐도 빨리 읽어야 속이 시원하지, 한 자 한 자 꼼꼼히 읽지를 못합니다. 느리기 때문이죠. 느리면 이 빠른 세상 속에서 살아남을 수 없을 것만 같은 기분도 듭니다. 남들보다 빨라야 성공도 빨리 이룰 수 있다고 믿기 때문입니다.

　허나 성공은 빨리빨리에서 오지 않습니다. 그와는 반대로 천천히, 매일 조금씩 하는 것에서부터 시작됩니다. 조금씩 천천히 느리게 다져가야지 대충 빨리 하다보면 빈틈이 생겨 본인 스스로는 빨리 왔다고 생각되지만, 성공은 묘원해지게 됩니다.

　마부작침과 비슷한 말로 '우보천리'가 있습니다.

牛　步　千　里

소 우, 걸음 보, 천 천, 리 리 우직한 소걸음으로 천 리를 간다.

소의 느린 걸음으로 천 리를 걷는다는 말입니다. "누가 미쳤다고 그렇게 늦게 걷느냐, 그러다가 남들 다들 빨리 가는데, 뒤처지는 것이 아니냐"고 반문할 사람들도 있을 줄 압니다.

하지만 저는 다르게 생각합니다. 아무리 닦달하고 빨리하고 서둘러도 다 때가 있는 법입니다. 천천히 자신의 걸음대로 가야지, 서두른다고 일이 되는 것은 아니기 때문입니다. 급한 마음이 들면 마음만 조급해지지 이루어지는 것은 아무것도 없습니다.

마부작침과 우보천리의 마음자세로 매일 조금씩 해나가다 보면, 그곳에 성공도 있고 행복도 있는 것입니다.

하루 7시간보다
1시간씩 7일이 낫습니다

　학창 시절 공부할 때가 떠오릅니다. 지는 그때 어떻게 공부를 하면 효율적일지 잘 몰랐습니다. 즉, 수학을 공부해야 하는데, '하루에 1시간씩 매일 하는 것이 좋을까? 아니면 하루 날 잡아서 7시간 화끈하게 하는게 나을까?' 고민했었습니다. 수학뿐만 아니라 암기과목인 사회, 국사 등등의 과목에 대해서도 그랬습니다.

　암기과목이었던 사회에 대해서 말해보겠습니다. 사회를 매일 공부할 필요는 없다고 생각했습니다. 이런 과목은 일요일이든 토요일이든 하루 날 잡아서 몰아치기로 공부하는 편이 더 낫다는 결론을 내렸습니다. 한 번에 '빡시게' 모조리 다 암기하는 방법입니다. 하루를 옹골지게 사회에 완전 몰입하는 방법. 그럴싸했습니다. 허나 여기엔 함정이 있었습니다. 일주일에 한번 빡시게 외우는 공부는 그날은 완벽하게 외우지만, 하루 이틀이 지나면 점점 잊게 되버렸습니다. 그리고 다시 일주일이 흘러 사회를 잡을 때는 완전 백지 상태가 되었습니다. 별로 효과적인 방법이 아니었던 것이죠.

차라리 매일 1시간씩 투자했으면 어땠을까요? 매일 1시간이 너무 많다면 30분만이라도, 이동 중만이라도, 쉬는 시간만이라도 했으면 어땠을까요? 지금 생각해보면, 이 방법이 훨씬 나을 것이라고 생각됩니다. 매일 조금씩 건들게 되면 기억을 강화시킬 수 있기 때문입니다. 어제 외운 것을 짧게라도 후루룩 읽다보면 암기가 또 강화되고, 그러면서 쉽게 공부했었을 텐데요.

한편, 이런 고민도 했었습니다. 월요일은 국어, 화요일은 영어, 수요일은 수학 이런 식으로 날짜별로 집중 공부하는 과목을 설정하여 공부를 했었는데, 이 방법도 별로였습니다. 월요일에 국어에 집중하려고 국어만을 위한 시간을 비워놓았지만, 결과적으로 국어에 몰입할 수 없었습니다. 방과 후 4시간의 공부시간에 국어만 한다는 건 질리는 일이었고, 저의 집중력이 그토록 길지도 높지도 않았기 때문입니다. 차라리 국영수를 조금씩 나눠서 매일 했더라면 더 좋은 결과를 얻을 수 있었을 겁니다.

이렇듯, 매일 조금씩 하는 것이 훨씬 경제적이고 집중력 향상에 좋습니다. 하루 몽창 몰아서 하는 방식은 그 당시에는 완전한 만족감을 얻을지 몰라도 다음날이면 또 잊기 때문에 공백이 너무 큽니다. 공백이 크게 되면 기억나지 않습니다.

학교수업도 이와 비슷합니다. 1교시 국어, 2교시 수학, 3교시 체육 등등 이렇게 쪼개 났습니다. 왜 1~4교시는 국어, 5~7교시는 수학으로 하지 않았겠습니까. 이렇게 매일 조금씩 쪼개서 하는 방법이 효율적이기 때문입니다.

매일 해야 됩니다. 그래야 기억에 남고 습관이 됩니다. 조금씩 해야 됩니다. 그래야 지치지 않고 꾸준히 할 수 있습니다. 현재 세 가지를 준비하는 사람이 있다면 월화는 A, 수목은 B, 금토는 C를 하려고 계획하지 말고, 매일 조금씩 A, B, C를 하는 방법을 택하는 편이 좋습니다. 그래야 계속 할 수 있고, 낯설지 않게 됩니다. 앞의 방법으로 몰아서 하게 되면 낯설어지고, 낯설어지면 하지 않게 됩니다. 더욱 위험한 일은 월화에 피치 못할 사정이 생겨서 A를 수행할 수 없게 되면 A는 다음 주에나 볼 수 있게 됩니다. 그러다가 그 다음 주에도 뭔 일이 생겨버리면 영원히 A는 할 수 없게 됩니다.

매일 조금씩 처마에서 떨어지는 물방울이 댓돌에 홈을 만드는 것이지,

한달 내내 내리는 폭우가 홈을 만드는 것이 아닙니다.

결과는
거북이보다 느리게 옵니다

매일 조금씩 하는데 결과가 빨리 나올 수가 없습니다. 빨리 나오길 바라는 마음부터가 도둑심보입니다. 결과가 빨리 나오길 바란다고 해서 빨리 나오는 것도 아니죠. 오래 걸립니다. 오래 걸리는 것을 전제로 깔고 시작해야 계속 할 수 있습니다. 조바심, 조급한 마음을 버려야 오래 할 수 있습니다.

'침묵의 10년'이라는 말이 있습니다. 10년 동안 침묵하고 있어야 결과를 볼 수 있다는 말이죠. 적어도 10년은 흘러야 빛을 볼 수 있다는 말도 됩니다. 전문가가 되기 위해서는 최소 10년이 걸린다는 말과도 같고, 말콤 글래드웰이 말한 1만 시간의 법칙과도 상통하는 얘기입니다. 천재가 아닌 이상 우린 이 법칙에서 벗어나지 못합니다.

"천재로 태어났으면 얼마나 좋았을까? 입에 금숟가락을 물고 태어났다면 얼마나 좋았을까?"라고 백날 말해봤자 소용없습니다. 우리는 그냥 평범한 보통 사람입니다. 천재이기를 바라는 마음이 커질수록 가슴만 답답해집니다. 그러니 정신 바짝 차리고 현실을 직시해야 합니다. 우리는 꾸역꾸역 노력해야지만 뭔가를 얻을 수 있는 대다수 중의 대다수입니다. 뭔가를 얻기 위해서는 침묵의 10년 정도는 버틸 수 있는 근기(根氣)가 있어야 합니다.

천재가 아니기 때문에 그들이 부럽습니다. 그래서 과욕을 부리는 경우도 생깁니다. '언제 10년을 기다려 빨리 성공해야지'라는 마음이 들어 오버(over)를 하게 됩니다. 매일 조금씩이 아닌 '매일 많이씩' 하려고 듭니다. 결과는 뻔합니다. 곧 번아웃(burn out)되어 버립니다. 과욕을 부리면 지속할 수 없습니다.

열심히 하는 것보다는 지속하는 것이 더 중요합니다. 하루는 누구라도 열심히 할 수 있습니다. 이틀도 가능합니다. 뭐 의지가 좋은 사람은 한 달도 가능할지도 모르겠습니다. (저의 경우는 딱 하루입니다.) 그러나 한 달 열심히 했다고 뭔가를 이룰 수는 없습니다. "나는 한 달간 정말 열심히 살았어"라는 마음의 만족도만 높일 뿐입니다. 꾸준히 성실하게 하는 것이 장기적으로 과업을 이룰 수 있게 합니다. 매일 조금씩 처마에서 떨어지는 물방울이 댓돌에 홈을 만드는 것이지, 한 달 내내 내리는 폭우가 홈을 만드는 것이 아닙니다.

매일 조금씩 하다보면 처음에는 끝이 안 보입니다. 1년을 해도 안 보입니다. 당연합니다. 앞서 말했듯이 10년 간은 꾹 참고 꾸준히 해야 합니다. 그래야 뭔가 보이기 시작합니다. 5년 정도 하면 뭔가 보일락 말락 하는데, 거기에 만족하면 하다 말게 됩니다.

저는 '1년만 미쳐라, 3년만 미쳐라'라는 말을 좋아하지 않습니다. 굳이 미치지 않고 매일 조금씩 하는 편이 안전하고 확실한데 왜 미치면서까지 단기간에 죽도록 열심히 해야 한단 말입니까. 매일 조금씩 하는 것은 밥 먹는 것과 똑같습니다. 밥은 죽을 때까지 매일 조금씩 먹는 거지, 1년간 미쳐서 먹고 마는 것이 아니기 때문입니다.

포기하고 싶을 때
5분만 더 해봅니다

예전에 이런 일이 있었습니다. 잘되던 컴퓨터가 갑자기 이상해지면서 부팅이 되지 않는 겁니다. 모니터가 이상한지, 본체가 이상한지 살펴보았습니다. 지루한 작업이 계속되었죠. 여러 가지 조사 끝에 모니터는 이상이 없다는 결론을 내렸습니다. 그렇다면 결국 본체가 문제가 있다는 이야긴데, 혹시 또 몰라 잭이 고장인지 검토했습니다. 고장 원인을 역으로 찾아가야 하는 짜증나는 작업은 바닷가에서 파도에 쓸려 내려간 안경을 찾는 것과 같은 것이었습니다. 잘 보이지도 않는 눈으로 안경을 찾겠다고 더듬더듬거리는 것과 같은 모습입니다. 잭도 이상이 없었습니다. 그렇다면 100% 본체가 이상이 있다는 것인데, 본체를 분해해서 안에 쌓인 먼지를 털고 다시 전원을 넣었는데도 컴퓨터가 켜지지 않았습니다. 제 결론은 'A/S 맡기자'였습니다. 하지만 아내는 계속 만지작만지작거렸습니다. 물론 신경질도 푹푹 뽑아냈죠. 저는 그냥 A/S 맡기면 되지, 뭘 그리 골치 아프게 계속 건드냐고 핀잔을 주었고, 아내는 그래도 계속 만지작거렸습니다. 저는 완전 포기한 상태로 다른 일을 하면서 컴퓨터에 대한 생각을 싹 지웠지만, 아내는 계속 만지작거렸습니다. 그러길 10분쯤? 컴퓨터가 켜졌습니다. 아내는 흡족한 표정을 지었고, 저는 축하해 주었습니다.

이 이야기는 무엇을 말하는 것일까요? 끝까지 해보는 것이 중요하다는 것을 시사해줍니다. 아내가 저보다도 컴퓨터를 잘 아는 것은 아닙니다. 그럼에도 불구하고 될 때까지 물고 늘어진 결과 아내는 컴퓨터를 다시 복구시켰습니다. 저는 하다가 그냥 도중에 포기하고 말았습니다. 실력은 서로 비슷비슷한데, 한 명은 끝까지 해본 것이고, 다른 한 명은 도중에 쉽게 포기한 것입니다. 결과는 달랐습니다. 사실 아내는 될 때까지 할 마음은 없었다고 했습니다. 단지 포기하고 싶을 때 조금만 더 해보자는 생각이었다고 합니다. 삶의 경험에서 배웠다고 했습니다.

예전에 아내는 세탁기가 고장이 났을 때, 바로 A/S를 불렀답니다. A/S기사가 와서 살짝 건들면 제대로 된다는 겁니다. TV도 그랬고, 여러 가전 제품들이 그랬다고 했습니다. 그래서 그 다음부터는 기사를 부르기 전에 꼭 몇 번이고 더 시도를 해본다고 했습니다. 이번 컴퓨터를 고친 것도 다 그런 경험에서 나온 것이죠.

포기하지 맙시다. 남들 포기할 때, 조금만 더 해보는 사람이 뭔가를 이뤄냅니다. 매일 조금씩 하더라도 끝까지 조금만 더 하는 사람이 좋은 결과물을 얻을 수 있습니다. 에디슨도 수백 번의 실패 끝에 전구를 발명해냈습니다. 그가 도중에 포기했더라면, 인류의 밤은 아직도 어두웠을지 모릅니다. KFC의 창업주 커넬 샌더스는 자신이 만든 치킨 조리법을 갖고 동업자를 찾기 위해 무려 1008번의 거절을 당했습니다. 만약 그가 포기했더라면 우리는 KFC를 맛볼 수 없었을 것입니다.

포기하기보다 조금만 더 해보는 것. 이런 작은 실천의 차이에서 큰 결과의 차이가 나타납니다. 삶은 거창하지 않습니다. 매우 디테일한 것에서 큰 차이가 생깁니다. 매일 조금씩 하는 태도에서 삶의 방향이 달라집니다. 단지 매일 조금씩 했을 뿐인데, 그냥 농땡이 피면서 살았던 사람과 매일 조금씩 뭔가를 했던 사람과는 10년 후면 엄청난 차이를 보이게 됩니다.

사실 아내는 될 때까지 할 마음은 없었다고 했습니다.

단지 포기하고 싶을 때 조금만 더 해보자는 생각이었다고 합니다.

삶의 경험에서 배웠다고 합니다.

습관은 무섭습니다

얼마 전의 일입니다. 라면 두 박스를 사기 위해 마트를 갔습니다. 라면 두 박스를 카트에 챙겼고, 계산대로 향했죠. 계산원 아주머니께서 바코드를 찍고서는 "봉투 드려요?"라고 물으셨습니다. 저는 별 생각 없이 "아뇨"라고 대답을 했습니다. 그러고 나니까 뭔가 이상했습니다. '박스로 샀는데, 무슨 봉투람?' 이런 생각이 막 들었을 때, 계산원 아주머니께서도 말씀을 하셨습니다.

"에휴, 입에 붙어서... 히히히."

습관이 되면 머리가 아닌 몸으로 표출됩니다. 아주머니께서는 몸이 먼저 반응을 보였습니다. 그러고 나서 머리가 뒤늦게 판단을 내렸던 것입니다. 바로 이것이 습관의 무서움입니다.

저의 아내도 학생시절 백화점에서 알바를 할 때 같은 경험이 있었다고 합니다. 매일 '고객님, 고객님~' 하다보니까, 길에서도 누군가 자신을 불렀을 때도 '네~ 고객님'이라고 말했다고 합니다. 매일 하다보니 습관이 되어버린 것이죠.

어떤 목표를 이루려면 열심히 하는 것보다 습관으로 만들어버리는 것이 더 낫습니다. 어떤 습관을 들이느냐에 따라 사람이 달라집니다. 좋은 습관을 들이겠습니까. 나쁜 습관을 들이겠습니까. 매일 아침에 일어나서 운동을 하는 습관을 들이겠습니까. 일어나자마자 담배부터 찾는 습관을 들이겠습니까. 일단 몸이 반응을 보이고 나서 머리로 뒤늦게 후회해봤자 소용없습니다. 그러기 전에 먼저 습관부터 다스려야 합니다.

습관을 다스리는 방법으로 최고는 '매일 조금씩'입니다. 매일 조금씩 하다보면 습관은 저절로 형성이 됩니다. 좋은 습관을 들이고 싶으면 매일 조금씩 좋은 일을 하면 됩니다. 매일 아침 일어나자마자 운동을 하는 것을 습관으로 들이고 싶으면, 매일 아침 일어나서 5분씩 운동을 하면 됩니다. 매일 조금씩만 합니다. 더 하고 싶어도 꾹 참고, 내일을 기다립니다. 덜 하고 싶어도 5분은 가능한 시간이니까 꾹 참고 합니다. 그렇게 매일 매일 조금씩 조금씩 하다보면 습관이 생겨버립니다.

완벽하게 습관으로 생겼다는 느낌이 들 때 시간을 늘려봅니다. 10분, 20분 그것도 정말 가능한 시간으로 한정합니다. 너무 늘리다보면 빼먹는 날이 생겨 습관이 흐트러지게 됩니다.

인생의 밝은 면만 보고 싶다면, 짜증이 날 때 분노의 말을 내뱉지 말고 '사랑해'라는 말로 대신해봅시다. "김 차장, 이 망할 새끼!"라고 하지 말고, "김 차장님, 사랑합니다!"로 바꿔 봅시다. 자꾸 그렇게 하다보면 입에 붙게 되고, 습관으로 정착되고, 그러다보면 인생의 밝은 면을 보면서 살 수 있습니다.

웬만한 것은 다 매일 조금씩의 법칙에 따릅니다. 하나씩 실험해 보십시오. 본인의 삶을 바꾸고 싶다면, 그 무엇을 '매일 조금씩'만 해보십시오. '매일 많이'가 아니고, '며칠에 한 번씩'이 아니고, '매일 조금씩' 입니다. '열심히'가 아니고, '꾸준히' 입니다.

어떤 건 가끔
조금씩 해도 됩니다

매일 조금씩 중에 제일 중요한 것은 '매일'입니다. 그 다음으로 중요한 것이 '조금씩'입니다. 즉, 매일 하는 것이 제일 중요합니다. 조금씩이라는 양이야 개인별로 주관적이기 때문에 논할 것이 못 됩니다. 어떤 사람은 윗몸일으키기 10번이 조금이 될 수도 있고, 어떤 사람은 30번이 조금이 될 수 있으니까요. 중요한 것은 매일 하는 것인데, 그 중요한 '매일'을 매일 하지 않아도 된다는 얘기입니다. 즉, 매일에 너무 목을 맬 필요가 없다는 뜻이죠.

예전에 헬스클럽을 다녔는데, 저는 매일 나가지 않았습니다. 몸이 힘들면 나가지 않았고, 일이 늦게 끝나는 날에도 나가지 않았으며, 나가기 싫은 날도 나가지 않았습니다. 일주일에 한 번도 좋았고, 두 번도 좋았습니다. 그냥 내키는 날만 나갔고, 나가서도 한 시간을 넘지 않는 범위 내에서 가볍게 운동을 했습니다. 절대로 열심히 하지 않았습니다. 그냥 가볍게 했습니다.

근데 그렇게 운동을 한지 3개월이 흘렀는데, 76kg이던 몸무게가 60kg대로 진입했고, 배엔 '왕 자' 비스무리한 것이 새겨지기 시작했으며, 이두박근 알통이 토실토실해졌습니다. 매일 하지도 않았고, 열심히 하지도 않았고, 그저 틈날 때마다 가서 조금씩 움직여준 것 뿐인데 이런 결과를 얻을 수 있었습니다. 물론 이런 마음가짐은 있었습니다.

'절대로 포기하지는 말자, 그리고 최소한 저번 달보다는 많이 나가자.'

예를 들어 1월에 5일 운동을 했다면, 2월에는 5일보다 많이 운동을 하자는 결심이었습니다. 어쨌든 저번 달보다는 나은 삶을 살자고 결심을 했고, 효과를 보았습니다.

만약 매일 했더라면 더욱더 좋은 결과를 얻을 수 있었을 것입니다. 하지만 헬스클럽은 제 우선순위에서 후순위였습니다. 당시 저의 1순위는 매일 책을 읽는 것이고, 다음 2순위는 한 꼭지씩 이 책의 원고를 쓰는 것이고, 3순위는 소설 《태백산맥》 필사를 하는 것이었습니다.

운동은 해도 그만 안 해도 그만이었습니다. 정말 후순위여서 대충했습니다. 열심히 하지 않고, 매일 조금씩 하지 않고, 그저 그냥 포기만 하지 말자 했는데도 효과를 볼 수 있었습니다.

본인의 삶을 바꾸고 싶다면 그 무엇을 '매일 조금씩'만 해보십시오.

'매일 많이'가 아니고, '며칠에 한 번씩'이 아니고, '매일 조금씩'입니다.

'열심히'가 아니고 '꾸준히'입니다.

하는 것보다
끊는 것이 더 중요합니다

　매일 조금씩 하는 것은 중요합니다. 그리고 그보다 중요한 것은 나쁜 습관을 끊는 것입니다. 쉬운 예를 들어보겠습니다. 건강과 다이어트를 위해 운동을 꾸준히 하는 사람이 있습니다. 그는 매일 정확하게 오후 7시면 헬스클럽을 찾습니다. 제일 먼저 스트레칭으로 몸을 풀어주고, 다음으로 복근운동을 하고, 이두박근, 삼두박근, 가슴 운동을 차례로 합니다. 그러고 나서 러닝머신을 뛰면서 유산소 운동을 합니다. 시간은 약 1시간가량 걸립니다. 그는 매일 이렇게 운동을 하고 있습니다. 이제 습관도 제법 생겨서 손쉽게 진행하고 있습니다. 마음이 뿌듯하고, 보람찹니다.

　그런데 그는 담배를 끊지 못했고, 야식을 끊지 못했고, 술도 끊지 못했습니다. 뭔가 이상하다는 것을 느끼기 시작했습니다.

건강을 위한다면 담배를 끊는 것은 당연합니다. 술도 마찬가지고, 야식도 그렇습니다. 건강과 다이어트를 위한다는 사람이 담배, 술, 야식을 끊지 못하고 운동을 한다는 것은 좀 이상하지 않은가요? 이건 마치 40kg짜리 배낭을 메고 뒷동산을 오르는 것과 같은 것이죠. 그냥 도시락만 하나 챙겨서 가면 가뿐한데, 왜 군이 무거운 배낭을 챙겨서 뒷동산에 오른단 말인가요.

건강과 다이어트를 위한다면 담배, 술, 야식을 먼저 끊는 것이 맞습니다. 담배 쪽쪽 빨면서 '아~ 요새 몸이 별로 안 좋아서 나 보약 먹잖아!'라고 하는 사람을 보면 웃음이 나옵니다. "먼저 담배를 끊으세요"라고 말해주고 싶습니다.

나쁜 습관일수록 얼른 버려야 합니다. 나쁜 습관은 본인 스스로가 가장 잘 알고 있습니다. 아침에 늦게 일어나기, 폭음, 흡연, 게임, 기타 등등 많을 것입니다. 이런 것들을 하면서 사람들은 '시간이 없어서'라는 평계를 대곤 합니다. 이것들을 끊으면 시간이 남아돌게 되는데, 그걸 못합니다. 이것들도 끊지 못하면서 꼭 '성공하고 말 거야'라고 다짐하는 사람은 뒤에 타이어 하나 메고서 100m를 10초에 뛸거야라고 말하는 것과 같습니다.

어떤 일을 매일 조금씩 수행할 때, 조금이라도 방해가 되는 것이 있다면 과감히 끊어 버립시다. 어렵게 살지 말자고요. 엑셀만 밟으면 손쉽게 100km 속도가 나오는데, 왜 군이 브레이크를 밟고 엑셀을 밟으려고 합니까. 브레이크를 밟고서는 시속 100km를 내기 힘듭니다.

목표를 잘게 나누면
쉽게 이룰 수 있습니다

소설 《태백산맥》의 저자 조정래 선생은 아들과 며느리에게 자신이 쓴 책 《태백산맥》 10권을 필사시켰다고 합니다. 매일 원고지 10매씩 4년간 쓰면 이룰 수 있는 분량입니다. 아들과 며느리는 필사를 완성했고, 태백산맥 문학관에 가보면 그들의 필사본이 전시되어 있습니다.

무슨 필사를 하는데 4년씩이나 걸려? 난 2년에 끝내버려야지 하는 마음을 가지고 덤볐다가 이내 나가떨어지는 경우도 많습니다. 조정래 선생의 팬들도 《태백산맥》을 필사하겠다고 덤벼들었으나, 혼자서 10권을 필사하는 것이 힘들어 여럿이 모여 10권을 필사하는 잔꾀를 부렸다고 합니다. 그들의 필사본도 태백산맥 문학관에 전시되어 있습니다. 가보면 수십 명의 이름이 적혀 있습니다. 조정래 선생은 아들과 며느리에게 '매일 조금씩' 하는 힘을 필사를 통해 알려주고자 한 것입니다.

성급한 사람들은 2년 만에 끝내려고 덤벼보지만, 그게 그렇게 쉽지는 않습니다. 처음에야 누구든 쉽게 결심을 합니다. 하지만 꾸준히 지속하는 사람은 극소수입니다. 왜일까요? 그들은 성급하기 때문에 실패하는 것입니다. 4년 걸릴 것을 1년 만에, 혹은 2년 만에 끝내려고 하니 마음만 조급해지지 제대로 실행되지 않았던 것이죠. 2년 안에 끝내려면 매일 20매씩 써야 하는데, 1시간이 넘는 시간이 필요합니다. 정말 자신이 좋아하는 일이라면 1시간이 걸려도 해내겠지만, 필사라는 작업은 그리 재미있지만은 않거든요. 작가 지망생이나 조정래 선생의 팬이 아닌 이상 어려운 작업입니다.

조정래 선생이 제시한 것처럼 매일 10매씩만 쓰면 4년 뒤 필사를 완성할 수 있습니다. 10권만 보고 있으면 엄청난 양이지만, 그걸 1년으로 쪼개고, 한 달로 쪼개고, 하루로 쪼개면 할 만한 목표가 됩니다. 하루 10매는 가뿐히 할 수 있습니다. 혹여 10매가 힘들다면 5매로 줄이면 됩니다. 조급한 마음을 없애고, 매일 할당량만 차곡차곡 채운다면 목표는 자동으로 달성되게 되어 있습니다. 10권 필사를 한 번에 하려고 하니까 힘들지, 일(日) 단위로 나누면 고작 10매일뿐이죠. 우리는 단지 매일 할당량 채우는 것에만 집중하면 됩니다. 그러면 '자동적으로' 최종 목표를 달성할 수 있습니다. 목표가 원대하고 큰가요? 그렇다면 잘게 나누어 보세요. 일 단위로 나누다보면 엄청나게 커다란 목표가 별것 아닌 게 됩니다. 일 단위 목표를 달성하면 됩니다. 시간이 흐르면 최종 목표는 자동 완성되니까요.

2장

보步
– 보통의 존재가 역전되는 삶

서두르지도 쉬지도 마라

독일의 대문호 요한 볼프강 폰 괴테는 우리에게 귀감이 될 만한 시를 남겼습니다. 그는 1749년에 태어나서 1823년에 83세로 숨을 거두었죠. 그는 《파우스트》, 《젊은 베르테르의 슬픔》 등 좋은 작품을 남긴 작가이자 시인이자 사상가였습니다. 나폴레옹과 동시대에 살았으며, 실제로 1808년에 만나기도 했습니다.

괴테가 살았던 시기의 우리나라는 영조-정조-순조의 시대였습니다. 고로 정약용과도 동시대인이었으며, 괴테가 다산보다 13살 나이가 많습니다. 그가 지은 시 한 편을 음미하여 보겠습니다.

〈서두르지도 말고 쉬지도 마라〉

서두르지도 말고 쉬지도 마라
이 말씀을 가슴에 깊이 지니고
비바람 속에서도 꽃 피는 길에서도
한결같이 한 생을 살기를

서두르지 마라
이 한 말씀을 마음을 바로잡는 고삐로 삼아
깊은 사려 올바른 판단
한 번만 결심이 끝난 다음엔
온 힘을 기울여 앞으로 나가보기를

쉬지 마라
세월이 강물처럼 흘러간다
반짝이는 인생이 덧없이 가기 전에
영원히 길이 남을 보람 있는 업적을
이 세상에 유물로 남겨 놓으라

서두르지도 말고 쉬지도 마라
운명이 폭풍에 꾸준히 견디면서
나침처럼 한결같이 의무에만 살고

무엇에도 굽히지 않고 정의에만 살아라
인고의 모든 날이 지나간 훗날에는
역사 위에 찬란히
그대의 면류관이 빛나리라.

세 번 더 음미해 봅시다. 찬찬히.

10년 후의 모습을
그려 봅니다

자신의 10년 후 모습이 궁금하다면, 현재 스스로 무엇을 하고 있는지 살펴보면 됩니다. 점집이나 철학관에 갈 필요 없이 현재 자신이 무엇을 하고 있는지만 알면 됩니다. 매일 조금씩 글을 쓰는 사람은 10년 후에는 작가가 되어 있을 것이며, 매일 조금씩 영어공부를 하는 사람은 10년 후에는 영어도사가 되어 있을 것입니다. 매일 조금씩 TV로 허송세월을 보내고 있는 사람이라면, 10년 후에도 별 볼일 없는 사람이 되어 있을 것이며, 매일 조금씩 담배를 피우는 사람은 10년 후에는 건강이 많이 안 좋아져 있을 것입니다.

간혹 우리는 현재 상황에 대해서 불평불만을 갖습니다. 왜 현실이 이런지 나라를 욕하고, 남을 욕합니다. 그런데 그럴 필요 없습니다.

다 자신이 10년 전에 벌여놨던 일이기 때문이죠. 현재의 모습이 볼품 없다면, 10년 전에 볼품없이 살았기 때문입니다. 아무리 욕을 해봤자 입만 아프지 달라지는 것은 아무것도 없습니다. 그렇다면 이것을 역 으로 이용하면 될 것 아닙니까.

"그래, 지난 10년 간 내가 허송세월을 보냈구나. 그래서 지금 내 모 습이 요 모양 요 꼴이구나. 남들은 다들 잘 살고 있는 것 같은데, 나는 오히려 추락한 것 같구나. 그렇다면 지난 과거와 현재를 잊고, 앞으로 다가올 10년에 대비해보자"라고 다짐해 보는 겁니다. 지금부터 앞으 로 다가올 미래를 위해 매일 조금씩 자신만의 시간을 가져봅니다.

10년 후 바라는 모습을 마음속에 그리고, 그것을 이루기 위해 현 재 내가 무엇을 해야 할지에 대해서 숙고해 봅니다. 답이 어렵지는 않습니다. 그냥 쉽게 튀어나올 것입니다. 10년 뒤 영어를 잘하고 싶 으면 지금부터 영어공부를 하면 되고, 전문가가 되고 싶으면 그 분야 의 공부를 하면 됩니다. 매일 조금씩 연습하고 연습하다보면 10년 후 에는 자신이 바라는 모습과 어느 정도 일치하게 되어있습니다. 10년 뒤의 모습을 그려놓고 그것을 위해 매일 조금씩 하다보면, 자신의 미 래에 대해서 불안해할 필요도 없고, 점집을 찾을 필요도 없게 됩니다. 10년 후의 모습을 이미 알고 있기 때문이죠.

자, 그럼 이쯤에서 가만히 자신을 바라봅니다. '나는 지금 10년 뒤의 모습을 생생히 그리고 있는가? 그냥 대충 살고 있지는 않은가? 그냥 이렇게 살게 되면 또 10년 뒤에도 못마땅한 현실에 대해서 푸념을 늘어놓을 것이 아닌가? 또 그렇게 살고 싶은가? 아니다. 지금까지의 삶은 망쳤지만, 앞으로 다가올 10년, 20년 뒤의 삶은 좀 더 멋지게 살아보고 싶다. 그렇다면 지금부터 매일 조금씩 내 미래를 위해 무언가를 해야겠구나' 이런 자각이 필요합니다.

10년 뒤의 모습은 우리가 흔히 말하는 꿈입니다. '당신의 10년 뒤의 모습이 어쩌면 좋을 것 같습니까?'와 비슷한 질문은 '당신의 꿈은 뭡니까?'입니다. 누군가 당신에게 '꿈이 뭡니까?'라고 묻는다면 몇 초만에 대답할 수 있습니까. 저는 적어도 1초만에 튀어나와야 된다고 생각합니다.

1초만에 튀어나오지 않으면, 현재 당신은 꿈을 위해 살고 있지 않다는 이야기며, 당신의 10년 뒤의 모습을 전혀 생각하지 않는다는 의미와 같습니다. 즉, '나는 허송세월 보내고 있소~'라고 말하는 것과 같습니다. '나는 왜 사는지 모르오~'라는 소리와 같습니다. '나는 그냥 대충 인생을 살 뿐이오~'라고 하는 소리와 같습니다. '나는 그냥 죽으려고 사오~'라는 소리와도 같은 것입니다.

자신의 10년 후 모습이 궁금하다면,

현재 스스로 무엇을 하고 있는지 살펴보면 됩니다.

점집이나 철학관에 갈 필요 없이

현재 자신이 무엇을 하고 있는지만 알면 됩니다.

단기속성은 '뻥'입니다

인터넷이나 신문, 잡지 등을 보면 가끔 '단기속성'이라는 광고가 보입니다. 특히 영어학원에 그런 문구들이 많이 보이는데, 제가 봤을 때는 다 '뻥'입니다. 고객을 유치하려는 마케팅의 방법이지, 제대로 된 답은 아닙니다. 우리는 이런 말에 혹하면 안 됩니다. 짧은 시일 안에 빠르게 배운다는 의미인데, 별로 바람직하지도 않습니다. 그리고 그런 것을 바라는 마음이 크면 클수록 이루어지는 것은 더더욱 없습니다.

모든 것은 적당한 시간이 필요하고, 노력이 필요합니다. 빨리 먹는 밥에 체하는 것입니다. 빨리 배운 지식은 빨리 머릿속에서 없어져버립니다. 학창시절 벼락치기 공부를 할 때, 시험이 끝나자마자 모든 지식이 다 사라져버리는 경험을 하지 않았던가요. 백날 벼락치기 해봤자, 추후에 대학 합격의 등락을 결정지을 수능에서 좋은 점수를 받기는 힘듭니다.

단기속성을 바라는 마음은 도둑 심보입니다. 다들 힘들게 꾸역꾸역 노력해서 얻은 결과물을 단시간에 속성하겠다는 말인데, 정말 열심히 노력한 사람이 이 소리를 들으면 얼마나 화가 솟구치겠습니까. 우리는 '단기속성'이라는 단어보다는 앞서 말한 '우보천리(소의 걸음으로 천 리를 가다)'나 '마부작침(도끼를 갈아 침을 만들다)'이라는 단어에 친숙해져야 합니다. 단기속성은 사상누각이 될 공산이 큽니다. 그보다는 차근차근 바닥을 다져가면서 해야 할 것입니다.

단기속성을 바라는 마음이 클수록 이루어지는 것은 없습니다. 적은 노력으로 큰 성과를 얻겠다는 심보로는 그 어떤 것도 이룰 수 없습니다. 설혹 이뤘다 치더라도 금세 무너지고 맙니다. 급작스럽게 높이 올라간 새는 올라간 만큼 오래도록 떨어집니다. 차근차근 밟아 올라가야지 내려올 때도 차근차근 내려오는 것이죠. 매일 조금씩 해서 실력을 쌓아야지, 단기속성으로 배워서 어디 가 써먹을 것입니까. 아무리 요즘 시대가 빨리빨리 시대라 해도 진리는 변하지 않습니다.

매일 조금씩 하다보면, 어제보다는 나은 삶이 됩니다. 어쨌거나 어제보다는 조금이라도 더 나은 삶이 됩니다. 어제보다 나은 삶을 살기 위해서는 매일 조금씩 자신과 약속한 일을 하면 됩니다. 너무 갑작스럽게 어제보다 많은 일을 하려고 하지 말고, 매일 조금씩만 어제보다 나은 삶을 살아보는 것이죠. 그게 쌓이고 쌓이면 나중에 얼마나 커지는지 실제로 경험해보기 바랍니다.

반복숙달만이
최선은 아닙니다

무언가를 '매일 조금씩' 꾸준히 한다고 해서 능사는 아닙니다. '나는 지난 5년간 매일 조금씩을 성실하게 수행하여 왔는데, 크게 변한 것도 못 느끼겠고 오히려 실력이 점점 주는 것 같다'고 느낄 수도 있습니다. 왜 일까요? 매일 조금씩 하기 전에 그 방법이 정확했는지 먼저 점검해봐야 합니다.

얼마 전에 아들이 오카리나를 불고 있었습니다. 리코더와 비슷해서 저도 한번 불어보았죠. 도, 레, 미, 파, 솔, 라, 시, 도를 불었습니다. 리코더와 비슷해서 쉬웠습니다. 저는 아들에게 "매일 조금씩 연습하면 너는 정말 오카리나를 잘 불 수 있을 거야"라며 의욕을 북돋아 주면서 부는 방법을 가르쳐 주었습니다.

"이건 도고, 이건 레고, 이건 미고……."

근데 저는 몰랐는데, '라' 음에서 소리가 이상하게 나기 시작했습니다. 저는 무턱대고 아들에게 "오늘 가르쳐준 걸 매일 10분씩만 연습해봐. 정말 잘할 수 있을거야"라고 말했습니다. 그런데 아들이 "아빠, 이 구멍을 막지 말아야지"라고 하면서 저의 잘못을 지적해주었습니다. 리코더와 비슷하지만, 그 음을 제대로 내려면 위에 난 이 구멍을 막지 않았어야 제대로 된 소리가 나오는데, 저는 그 구멍을 막고 그냥 리코더처럼 불었던 것입니다. 만약 아이가 제 말만 듣고 매일 조금씩 반복숙달했더라면 어땠을까 생각이 들자 아찔해졌습니다.

'아하! 반복숙달만이 최선은 아니구나. 그보다 먼저 정확성이구나!'

그렇습니다. 매일 조금씩 하기 전에 정확성을 검토해봐야 합니다. 잘못된 것을 반복숙달하게 되어 그게 몸에 배면 더 안 좋은 결과를 가져올 수도 있습니다. 차라리 안 하느니만 못하게 됩니다. 습관을 들이기도 어렵지만, 습관을 고치기도 힘듭니다. 더군다나 노력으로 만든 습관이 잘못된 것이라면 이 억울함을 누구에게 호소할 것입니까. 먼저 습관으로 만들기 전에 반드시 우선 점검해야 할 것은 정확성입니다.

하지만 정확성을 너무 걱정할 필요도 없습니다. 매일 조금씩 하다보면 잘못된 것이 보입니다. 한 번에 왕창 연습하게 되면 그 잘못된 점을 찾기 힘들지만, 매일 조금씩 하다보면 잘못된 것이 눈에 들어오게 됩니다. 그때마다 매일 조금씩 고쳐주면 되는 거죠. 만약 어제 했던 연습이 잘못된 것이었다면, 오늘 고쳐주면 됩니다. 어제 조금씩만 했기 때문에 고치기도 쉽습니다. 하지만 어제 왕창 연습했다면 고치기가 힘들어집니다.

모든 것을 한 번에 잘하려고 하는 마음가짐도 부담으로 작용됩니다. 완벽을 기하려다보면 시도하기를 꺼리게 되는데, 이는 잘못된 태도입니다. 한 번에 잘하는 사람이 몇이나 되겠습니까. 천재 빼고는 없습니다.

우리가 살면서 천재를 직접적으로 만날 확률은 로또 1등 당첨될 확률과 비슷할 정도로 어렵습니다. 그러니 천재는 생각하지도 말자고요. 하다보면 되는 것이지, 처음부터 완벽을 추구하다보면 피곤하기만 하지 되는 것은 없습니다. 충분히 생각하고서 행동하는 것도 좋지만, 굳이 그렇게 할 필요도 없습니다. 뛰기 전에 먼저 두 번 정도만 숙고해주고, 나머지는 뛰면서 생각해도 괜찮습니다.

매일 조금씩 하다보면,

어제보다는 나은 삶이 됩니다.

천재를 이기는 법

　행복하려면 남과 비교하지 말라고 합니다. 실력을 기르는 일에도 이는 그대로 적용됩니다. 특히나 천재를 만났을 경우엔 더더욱 해서는 안 될 것이 비교입니다. 안 그래도 실력이 안 오르는데, 천재를 보고 있으면 자괴감, 고통, 번민, 자책감 등등의 복잡한 감정에 휩싸이게 됩니다. 천재는 그냥 천재로서 놔두어야 한다고 만화가 이현세는 《인생이란 나를 믿고 가는 것이다》라는 책에서 이렇게 말합니다.

　이현세는 만화계에 입문했을 때 천재를 만났다고 합니다. 매일 밤을 새우다시피 그림을 그려도 천재가 한 달 내내 놀다가 휘갈겨 가져온 그림보다 못했던 경험을 했습니다. 얼마나 힘들었을까요?

　이현세는 천재는 그냥 먼저 보내주라고 조언합니다. 천재는 항상 먼저 가다보니 세상살이가 시시해지게 되고 어느날 인간이 도저히 넘을 수 없는 신의 벽을 만나 스스로 파괴된다고 했습니다. 천재를 먼저 보내고 하루하루 꾸준히 걷다보면 어느날 멈춰버린 그 천재를 추월할 수 있다고 했습니다.

이 세상에 가장 불행하게 살고 싶다면, 남과 비교하면 됩니다. 나는 차가 없는데, 쟤는 차가 있네? 우리 집은 좁은데, 쟤네 집은 넓네? 나는 가진 돈이 별로 없는데, 쟤는 많네? 우리 부모님은 가난한데, 쟤네 부모는 의사에 변호사에 부자네? 나는 영어를 못하는데, 쟤는 영어를 잘하네? 나는 키가 작은데, 쟤는 크네? 이런 식으로 계속 비교하다보면 정말 인생을 불행하게 살 수 있습니다.

불행해지기 싫으면 당장 비교를 관둡시다. 자신의 색깔을 찾고, 더 다듬는데 시간과 노력을 다하는 겁니다.

'그래 너는 너대로 살아라, 나는 나대로 살겠다. 나는 나의 색깔대로 살려니, 너는 너의 색깔대로 살아라.'

이렇듯 다양성을 존중하는 태도를 지니면 됩니다. 남과 비교해서 실력을 기르는 것이 아닙니다. 비교는 어제의 나와 해야 합니다. '오늘의 나는 어제의 나보다 더 나은가? 그른가?'에 대한 질문부터 시작해야 하겠습니다.

어제 나와의 싸움에서 반드시 이겨냅시다. 어제의 나만큼만 하면 그래도 본전은 한 것이고, 어제의 나보다 못하면 손해를 본 것이며, 어제의 나보다 좀 더 나으면 발전하게 되는 것입니다.

하면 됩니다

하면 된다, 라는 말이 있습니다. 젊은 사람들에게는 왠지 구닥다리 명언 같기도 합니다. 까라면 깐다는 군인 정신 같기도 하고, 좀 무식해 보이기도 하지요. 그런데 살다보니 '하면 된다'라는 말은 진리 같다는 생각이 점점 드는 이유는 뭘까요?

저의 아내는 운전을 못했습니다. 운전 자체를 매우 싫어했습니다. 어릴 적에 교통사고를 당해 크게 다쳤기 때문입니다. 그래서 차에 대한 공포가 대단합니다. 교통사고 트라우마가 생긴 것이죠. 그런데 저와 결혼을 하면서 시골에 내려와 살게 되었습니다. 시골의 삶은 흡사 아메리칸 스타일과 비슷합니다. 대중교통이 발달되어 있지 않기 때문이죠. 마트를 가려고 해도 직접 차를 몰고 가야하고, 뭘 하든지 도시에서처럼 걸을 만한 조건이 되지 못합니다. 무조건 차로 이동해야 합니다. 걸어서 가려면 적어도 1시간 이상은 걸어야 하는 조건이었습니다. 그러니 운전을 배울 수밖에 없었습니다.

교통사고로 인해 차에 대한 공포심이 있는데 운전을 해야 된다니! 아내는 자기는 절대로 운전을 할 수 없다고 선.언.했습니다. 그러곤 저를 항상 기사로 대동하고 다녔습니다. 제가 없으면 밖을 나갈 수 없었습니다. 그러나 저도 스케줄이 있기에 항상 기사 노릇을 해줄 수가 없었습니다.

결국 아내는 운전을 배우기로 마음을 먹었습니다. 속도는 매우 더뎠습니다. 공포심이 있으니 힘들었을 것입니다. 그렇지만 아내는 매일 조금씩 운전 연습을 했고, 결국 운전면허를 딸 수 있었습니다. 하지만 운전면허만 있다고 운전이 가능한 것은 아닙니다. 용기를 내어 다시 이곳저곳을 돌아다니기 시작했습니다. 이제는 제법 동네는 다닐 만한 수준에 올라섰습니다. 하려고 하니까 결국 하게 된 것이죠.

세상 모든 일이 이와 비슷한 것 같습니다. 하면 되는 것입니다. 하지 않으려고 하니까 못하는 것이지, 하면 됩니다. 먼저 겁부터 집어먹고 안 된다, 못한다고 하니까 못하는 것입니다.

나는 할 수 있다.

나는 해내야만 한다.

마음을 먹게 되면, 어떻게 해서든 해내려고 여러 가지 방법을 강구하고, 연습하고, 노력하게 됩니다. 애초부터 마음을 어떻게 먹는냐에 따라 결과는 달라지게 됩니다.

내가 못할 것 같은 것에 도전해봅시다. 한 방에 잘할 생각 말고, 매일 조금씩 하는 방법으로 해보는 겁니다. 저의 아내처럼 운전의 공포심을 이겨내고, '꼭 운전을 해내고 말테다'라는 결심으로 어떻게 해서든 운전을 할 수 있게끔 노력해 보는 것입니다. 아내는 욕심을 부리지 않았습니다. 조금씩만 했습니다. 운전면허학원 가는 날만 했습니다. 다른 사람들보다 못한다고 운전 선생님께 혼도 많이 났습니다. 그렇지만 조금씩 조금씩 해서 결국 면허를 땄습니다. 그리고 이제는 운전을 해서 혼자 마트도 다니고, 요가도 다니고, 애 학원도 보냅니다.

저는 아내를 보면서 확신이 들었습니다. 아내가 운전에 대한 공포심이 얼마나 큰지 알기에 확신할 수 있었습니다. 엄청나게 무서워했었는데, 운전을 할 수 있다고 마음을 먹자 진짜 운전을 하게 된 것입니다. 이렇듯 하면 됩니다. 안 하니까 못하는 것이죠. 지레 겁을 먹고 안 하니까 못하는 겁니다. 그냥 도전해봅시다. 매일 조금씩만 해봅시다. 그러다보면 다 하게 되어있습니다.

"그래 너는 너대로 살아라, 나는 나대로 살겠다.

나는 나의 색깔대로 살려니, 너는 너의 색깔대로 살아라."

이렇듯 다양성을 존중하는 태도를 지니면 됩니다.

될 방도를 생각합니다

　무엇인가 하기로 작정했으면, 될 방도를 찾는데 힘을 쏟아야 합니다. 작정하기 전에는 충분히 고민해도 좋습니다. 하지만 결정이 내려지면 그 결정대로 어떻게 하면 할 수 있을까를 고민해야 합니다. '이게 정말 맞는 것인가, 진짜 해야 되는가?' 하는 등등의 질문을 접어버려야 합니다.

　이는 회사에서 주로 써먹는 방법인데, 연말에 다음해 목표를 정해버립니다. 내년 목표는 매출 1조 원! 그냥 목표인 거죠. 직원들은 그 목표를 향해 어떻게 하면 1조를 달성할 수 있을 것인지에만 고민합니다. 왜 매출 1조인가, 어떻게 우리 회사가 1조를 하는가에 대한 질문을 할 필요가 없는 것이죠. 그냥 목표니까, 우리는 목표달성을 위해 어떤 일을 해야 하는가에만 초점을 맞추는 것입니다. 설혹 1조를 달성 못하고, 8000억만 달성해도 괜찮습니다. 목표라는 틀을 확 잡아놓으면, 나머지는 그 목표를 위해 어떻게 하면 달성할 수 있을까에 고민하게 만드는 방법은 주로 회사에서 써먹는 방법입니다.

이를 개인에게 적용해도 좋습니다. 1년 목표를 잡습니다. "나는 이번 년도부터는 금주를 하겠다!"라고 선언합니다. 선언에 앞서 먼저 고민합니다. '정말 금주를 하겠는가. 왜 금주를 하는가. 금주를 꼭 해야만 하는가' 등등의 잡다한 질문을 한 뒤 그래도 금주를 해야겠다면 선언을 합니다. 그러고 나서 어떻게 하면 금주를 할 수 있을지에 대한 방법을 고민하는 것입니다. 금주는 이미 선언해버렸으므로 소급해서 더 이상 생각할 것도 없는 것이죠. 방법론에 집중하면 됩니다. 그러다보면 금주를 완벽하게 못할 지라도 작년보다는 최소한 술을 덜 먹게 됩니다. 술을 먹었더라도 낙심하지 말고, 또 다시 금주를 위해 노력하다보면 적게 마시게 됩니다. 그러다보면 정말로 금주하게 됩니다.

선언하기 전에는 그건 이래서 안 돼, 저건 저래서 안 돼라고 말을 해도 좋지만, 일단 선언이 끝나면 안 될 방도에 대해서는 생각하지 않는 것이 좋습니다. 더 이상 왈가불가할 거리가 아닌 거죠. 선언으로 이미 끝났기 때문에 그 선언을 어떻게 하면 이룰 수 있을까에만 집중하는 것이 옳은 자세입니다. 선언 뒤에도 안 될 방도를 찾는 것은 핑계 대는 것에 불과하고, 시간 낭비에 불과합니다. 그러니까 선언 전에 충분히 고민해야 합니다.

아무리 어려워 보이는 목표도 될 방도를 꾸준히 생각하다보면 방안이 톡 튀어나오게 되어있습니다. 안 된다고 생각하니까 안 되는 거지 어떻게 해서든 되게끔 만들겠다는 각오가 있으면 다 되게 되어 있습니다.

자, 선언해봅시다. 무언가를 이루기 전에 선언을 먼저 합시다. 그리고 그 선언대로 될 방도에 대해서 수없이 고민해봅시다. 매일 조금씩 하다보면 다 할 수 있습니다. 목표가 거대해서 도저히 이루지 못할 것 같다면 목표를 잘게 쪼갭니다. 연 단위로, 월 단위로, 일 단위로, 시 단위로, 분 단위로, 초 단위로 잘게 쪼개다 보면 거대한 목표가 별로 어렵지 않게 보입니다. 그걸 매일 조금씩 하다보면 거대한 목표를 이룰 수 있습니다. 될 방도만 찾읍시다. 할 수 있습니다.

싫증 나면 양을 줄입니다

　매일 조금씩 하다보면 간혹 싫증이 날 때가 옵니다. '내가 이걸 왜 하나?' 하는 회의도 들고, 매일 하는 게 조금 벅차다는 느낌도 듭니다. 매일 조금씩 하는 게 고통일 때가 있습니다. 하는 게 재미있어야 하는데 고통스럽고, 해야 한다는 것은 납득이 되는데 싫증이 난다면 그건 양을 줄이라는 신호입니다.

　하지만 무턱대고 양을 줄일 필요는 없습니다. 먼저 '쪼개' 봅니다. 매일 하루에 다섯 장씩 자격증 서적을 읽기로 했는데, 어느 순간부터 부담으로 다가오고 싫증이 나기 시작하면 쪼개는 겁니다.

　예를 들어 매일 7시부터 다섯 장을 쭉 몰아서 공부했다면, 그걸 7시부터 두 장, 9시부터 세 장으로 쪼개보는 거죠. 그렇게 쪼개보면 의외로 손쉬워지는 것을 경험하게 됩니다.

그런데 이것마저도 지겨워지게 된다면 그때는 양을 줄여야 합니다. 처음에 세웠던 다섯 장의 계획을 두 장이나 세 장으로 줄여야 합니다. 세 장으로 줄였는데도 싫증이 자주 난다면 두 장으로 줄여야 하고, 두 장도 지겹다는 생각이 들면 한 장으로 줄이고, 그마저도 지겹다고 생각되면 반 장으로 줄여야 합니다. 그마저도 싫증이 나면, 반의 반 장으로 줄이면 됩니다. 양을 줄이지 않으면 결국 '매일 조금씩' 할 수 없게 됩니다. 하지 않는 날이 늘게 되고, 결국 포기하고 맙니다.

저의 경우 소설 《태백산맥》 필사를 하루에 두 장 하는 것을 원칙으로 삼고 매일 조금씩 해왔는데, 언젠가부터 지겨워지기 시작했습니다. 두 장을 필사하려면 딴짓 않고 열심히 1시간을 써야 할 분량입니다.

그래서 쪼개서 해봤습니다. 아침에 한 장, 퇴근 후 저녁에 한 장. 이렇게 며칠을 해봤는데, 훨씬 괜찮은 방법이었지만, 왠지 모를 지겨움은 계속 남아있었습니다. 그래서 한 장으로 줄였고, 이마저도 부담으로 다가오자 반 장으로 줄였습니다. 하루 반 장은 정말 손쉬웠습니다. 10분에서 15분 정도 걸리는데, 이 정도는 부하가 걸리지 않습니다.

물론 필사 완성의 시기는 늦어지겠지만, 매일 이렇게 쓰다보면 언젠가는 완성될 날이 오기 때문에 크게 걱정하지는 않았습니다. 양을 줄여서 하다가 일정 시간이 지나면 더 하고 싶어질 때가 옵니다. 이 때 원래의 양으로 복귀하면 됩니다.

　매일 조금씩 하기 위해서는 양 조절이 필수입니다. 만약 제가 처음의 원칙대로 하루 두 장을 고수했다면, 결국 필사를 포기하게 되었을 것입니다. 무리하게 부하가 걸리게 되면, 절대로 지속할 수 없습니다. 처음의 계획대로 진행되지 못한다고 자책할 필요는 없습니다. 중요한 것은 끝까지 해내는 것입니다. 조금 늦게 도착하면 어떻습니까. 포기하지 않고 끝까지 완주하는 게 더 중요합니다. 그리고 어찌《태백산맥》필사만 하겠습니까. 살다보면 이거저거 하고 싶은 것들이 쏙쏙 눈에 들어옵니다. 그것도 하고 싶은데 필사만 잡고 있을 수는 없는 일이죠.

　하나만 고수하지 맙시다. 이거저거 눈에 들어오면 그것들도 매일 조금씩 합시다. 하나만 고수하게 되면 이 또한 지겨워지게 됩니다. 여러 가지를 매일 조금씩 건드려 봅시다. 저는 매일 필사를 건드리고, 독서를 건드리고, 글쓰기를 건드립니다. 매일 조금씩만 건드립니다. 그래야 끝까지 할 수 있기 때문이죠. 많이 하려고 욕심내면, 포기하게 됩니다.

연 단위로, 월 단위로, 일 단위로, 시 단위로, 분 단위로, 초 단위로 쪼개다 보면

거대한 목표가 별로 어렵지 않게 보입니다.

그걸 매일 조금씩 하다보면 거대한 목표를 이룰 수 있습니다.

될 방도만 찾읍시다.

할 수 있습니다.

뿌린 대로 거둡니다

뿌린 대로 거둔다는 금언이 있습니다. 이 말을 성경에서 본 것 같기도 하고, 속담인 것 같기도 한 것이 헷갈리지만 찾아보지 않기로 하겠습니다. 그건 별로 중요한 것이 아니기 때문입니다. 중요한 것은 이 말이 품고 있는 내용입니다. 이런 금언들은 한번쯤 곱씹어볼 필요가 있습니다. 곱씹다보면 그 맛을 느낄 수 있습니다.

봄에 씨앗을 뿌리면 여름을 지나 가을이면 추수를 할 수 있습니다. 우리는 봄에 어떤 씨앗을 뿌리고 있습니까? TV의 씨앗을 뿌리고 있습니까? 술, 담배, 게임의 씨앗을 뿌리고 있는 것은 아닌지요? 자신도 모르게 헛된 것에 몰두해서 불필요한 씨앗을 뿌리고 있는 것은 아닌지 점검해봐야 하겠습니다.

뿌린 대로 거둔다는 말은 진리입니다. 세상이 수십 번 바뀌어도 변하지 않는 사실이죠. 이런 대원칙에 벗어날 것은 그 어떤 것도 없다고 생각합니다. 그리고 이런 대원칙은 사실 모든 사람들이 다 알고 있습니다. 머리로 알고는 있지만, 몸으로는 행하지 않는 것이 어쩌면 진리를 대하는 평범한 사람들의 모습이 아닐런지요. 몇몇 사람들만이 머리로 알고, 몸으로 행하기 때문에 성공자도 소수일 것입니다.

어떤 이는 실패의 씨앗을 뿌릴 것이며, 어떤 이는 성공의 씨앗을 뿌릴 것입니다. 누구는 실패의 씨앗을 뿌렸지만 그 사실을 모르고 정성껏(?) 그 씨앗을 돌볼 것이며, 누구는 성공의 씨앗을 그냥 뿌려 놓기만 했는데도 나중에 결실이 좋은 추수를 할 수 있게 됩니다.

먼저 우리는 어떤 씨앗을 뿌릴 것인지에 대해 고민부터 해야 합니다. 실패의 씨앗(악의 씨)은 일단 뿌리지 말아야 합니다. 악의 씨는 무엇이 있을까요. 자신의 나쁜 습관, 그리고 본인 스스로 '잘' 알고 있는 것들입니다. 예를 들면 흡연, 폭식, 과음, 농땡이, 늦잠, 게임, 도박, 게으름 등등이죠. 이런 씨앗을 뿌려놓으면 나중에 어떻게 되는지는 본인들이 더 잘 알 것입니다. 그런데 이상하게도 이런 악의 씨들은 별로 신경 써주지도 않았는데, 무진장 잘 자랍니다. 정성껏 돌봐주지도 않았는데도 너무 잘 자라서 골치가 아픕니다. 그러나 사실 간과하고 있을뿐 이런 것들에 대해서 너무나 정성껏 돌봐주고 있지요. 우리는 매일 조금씩 혹은 무진장 많이 이런 악의 씨를 키우고 있습니다. 매일 담배 피우고, 폭식하고 과음하고 늦잠 자고 게임하지 않습니까? 이는 매일 정성껏 악의 씨를 보살펴주고 있는 것입니다. 앞으로 10년 후의 미래는 어떻게 될까요?

한편, 착한 씨앗을 뿌려 놓으면 10년, 20년 후에는 큰 결실을 볼 수 있습니다. 그다지 정성을 들이지 않아도 괜찮습니다. 제가 누누이 강조하고 있는 그 말, '매일 조금씩'만 해주면 됩니다. 그리고 매일 조금씩만 해줍니다. 그러면 훗날 그게 우리에게 값지게 다가올 것입니다. 정성껏 할 필요도 없습니다. 그냥 매일 조금씩만 해주면 됩니다. 건강하고 싶으면 매일 조금씩 운동해주고, 소식하면 됩니다. 똑똑해 지고 싶으면 매일 조금씩 독서하면 되고, 영어를 잘하고 싶으면 매일 조금씩 공부하면 됩니다. 하나가 허전하면 두 개, 세 개 뿌려 놓습니다. 뿌려만 놓고, 매일 조금씩만 하면 잘 자라게 되어 있습니다.

도쿠가와 이에야스처럼
인내합니다

우리는 얼마나 인내를 잘합니까. 아무리 참을성이 많다고 하더라도 옆나라 일본의 영웅 도쿠가와 이에야스만큼 인내할 수 있을까요. 그를 만나보겠습니다. 먼저 그가 한 이야기를 담아보겠습니다.

"사람의 일생은 무거운 짐을 지고 먼 길을 가는 것과 같다. 서두르면 안 된다. 무슨 일이든 마음대로 되는 것이 없다는 것을 알면 굳이 불만을 가질 이유가 없다. 마음에 욕망이 생기거든 곤궁할 때를 생각하라. 인내는 무사장구(無事長久)의 근본, 분노는 적이라 생각하라. 승리만 알고 패배를 모르면 해가 자기 몸에 미친다. 자신을 탓하되 남을 나무라면 안 된다. 미치지 못하는 것은 지나친 것보다 나은 것이다."

《도쿠가와 이에야스 인간경영》 이길진. 경영정신

도쿠가와 이에야스는 48년간을 남의 밑에 살면서 꿈을 키웠습니다. 오다 노부나가, 도요토미 히데요시에게 굽실거리면서도 자신의 꿈을 놓지 않고 인내했습니다. 무려 48년입니다. 그는 1543년에 태어나서 1616년에 74세의 일기로 생을 마감했습니다. 74년 중 무려 48년간을 인내의 세월로 보냈습니다.

우리는 얼마나 인내하며 살아가고 있는지요?. 단 1분도 인내하지 못하고, 버벅거리는 인터넷 창을 닫지는 않았던가요? 당일 배송을 받기 위해 그게 가능한 사이트를 돌아다니고 있지는 않았는지요? 어제부터 영어공부를 했는데 벌써부터 영어를 잘하고 싶어 하지는 않았는지요? 한 달 전부터 운동을 했는데 왜 아직도 살이 빠지지 않는가 하고 조급해하지는 않는지요?

매일 조금씩 하기 위해서 가장 필요한 자세를 도쿠가와 이에야스에게 배울 수 있습니다. 세상에 단박에 되는 것은 없습니다. 다 시간이 흘러야 가능해집니다. 오늘 아침에 수박씨를 뿌려놓고, 왜 아직도 수박이 열리지 않는지 고민하는 행태를 버려야 합니다.

우리는 너무도 조급하고, 성급합니다. 곧바로 되지 않으면 그냥 포기해버립니다. 기다림의 미학을 전혀 고려하지 않습니다. 성공한 사람들은 모두 기다림을 즐긴 사람들입니다. 자신의 때가 올 것을 확신

하고 기다립니다. 물론 매일 조금씩 뭔가를 준비하면서 기다려야 합니다. 착한 씨앗을 뿌려놓고, 매일 조금씩 가꾸면서 기다립니다. 그러다 보면, 괜찮은 결실을 맺을 수 있습니다.

도쿠가와 이에야스가 앞에서 말했던 것처럼 '마음대로 되는 것은 없다'라고 생각하는 편이 좋습니다. 또한 빨리 결실을 맺고 싶은 욕망이 생기거든 곤궁할 때를 생각하는 것이 좋습니다. 빠른 결과를 얻기 바라지 말고, 매일 조금씩 자신에게 할당된 일에만 집중하는 것입니다.

큰 꿈을 이루려면 적어도 수 년, 혹은 수십 년의 시간이 필요합니다. 그를 보자구요. 무려 48년간을 기다렸습니다. 그런 마음이 필요합니다. 우리는 너무 성급하고 조급합니다. 그런 마음을 버리지 않는 이상 그 어떤 것도 이룰 수 없습니다. 사람의 일생은 무거운 짐을 지고 먼 길을 가는 것과 같은 것이니까요.

결실을 맺고 싶은 욕망이 생기거든 곤궁할 때를 생각하는 것이 좋습니다.

빠른 결과를 얻기 바라지 말고,

매일 조금씩 자신에게 할당된 일에만 집중하는 것입니다.

시간을 붙잡을 수 있는 방법

　시간은 쏜살같이 흘러갑니다. 하루가 금방 가는 거 같고, 일주일이 그렇고, 한 달, 일 년이 그렇습니다. 20대는 시속 20km의 속도로 흐른다고 하고, 30대는 30km, 50대는 50km, 60대는 60km라는 말이 있습니다. 저도 살면서 실감하게 되는데, 돌아보면 일주일이 마치 하루처럼 지난 것을 몇 번이나 경험하게 되었습니다. 왜 이렇게 시간이 빨리 흐를까요? 이 시간을 붙잡아둘 방법은 없는 걸까요?

　시간을 정복한 남자 류비셰프는 자신이 쓰는 시간을 꼼꼼히 다 적어놨습니다. 딸과 수다시간 20분, 연구시간 2시간, 화장실 이용시간 10분... 이렇듯 아주 자세히 자신의 시간에 대해 꼼꼼히 체크를 했습니다. 그도 빨리 흘러가는 시간이 아까워서 어떻게든 시간을 잡아 보려 했나봅니다. 그처럼 극단적일 필요는 없습니다. 우린 우리만의 방법을 찾아야 합니다.

가만히 일 년 전을 돌아보면, 저는 무엇을 위해 살았는지 질문하게 됩니다. 일년 전의 나의 모습은 어땠는가. 그때 나는 후회 없이 잘 살았는가. 그냥 허송세월을 보냈는가. 그리고 지금은 어떤가. 지금은 잘 살고 있는가. 일 년 후에 지금의 나를 반추해 볼 때 잘 살았다고 자부할 수 있는가. 이 정도의 질문에 답할 정도만 되면 됩니다.

'일 년 전에 나는 잘 살았는가. 그래 잘 살았다. 그럼 그 증거를 대라'라고 저에게 질문을 던져봅니다.

'나는 일 년 전에도 지금과 변함 없이, 매일 책을 읽고, 글을 쓰고, 아내와 아들을 위한 시간을 가졌다. 또한 회사도 잘 다녔다. 그중 그래도 나에게 위안을 주는 것은 독서와 글쓰기다. 시간은 천천히 흐르는 것 같지만, 돌아보면 빠르게 흘러가버린다. 이런 시간을 멈출 수는 없다. 다만, 시간을 헛되이 보내지 않기 위해서는 내가 세웠던 계획대로, 매일 조금씩 그 무엇인가를 하면서 시간을 보낸다면 그다지 시간이 아깝지만은 않다는 생각이 든다.'

흘러가는 시간을 제 편이 되게 하기 위해서 저는 가장 가치 있다고 생각하는 독서와 글쓰기를 계속해 나갈 것입니다. 독서록에 쌓여가는 도서목록들이 저를 위안해줄 것이며, 차곡차곡 쌓여가는 원고들이 저를 위로해줄 것입니다. 이런 것들이 조금씩 쌓이게 되면 오히려 시간은 제 편이 됩니다. 이렇듯 자신이 가치 있다고 생각하는 것들을 꾸준히 해나가면 시간을 잡을 수 있습니다.

시간을 붙잡을 수 있는 방법도 '매일 조금씩'입니다. 시간이 천천히 흐르는 것 같이 천천히 매일 조금씩 무언가를 합니다. 무언가를 시작하고 시간이 저만치 흘러가서 세월의 흐름이 빠르다는 것을 느꼈을 때쯤 똑같이 자신이 매일 조금씩 했던 것을 돌아봅니다. 흘러간 시간만큼 많은 것이 쌓여 있는 것을 발견하게 될 겁니다. 매일 조금씩 잘해왔던 사람은 위안을 얻게 될 것이고, 그렇지 못했던 사람들은 실망감과 자기비하에 빠지게 될 것입니다.

매일 조금씩 하는 것은 정신건강에도 굉장히 좋습니다. 일단 허송세월을 보내지 않았다는 안도감이 느껴지고, 매일 조금씩만 해주기 때문에 큰 부하 없이 손쉽게 할 수 있고, 나중에 되돌아보면 그래도 많은 양의 그 무언가를 이뤄 낸 자신을 뿌듯하게 생각할 수 있기 때문입니다.

오직 몸으로 수행합니다

시간은 쏜살같이 흘러갑니다. 하루가 금방 가는 거 같고, 일주일이 그렇습니다. 우리는 머리를 믿지 말고, 몸만 믿어야 합니다. 머리로 아는 것만으로는 그 어떤 것도 되지 않고, 마음으로 각오를 다잡는다 해도 그 어떤 것도 이루어지지 않습니다. 목표를 이루려면 몸을 놀려야 합니다. 우리는 염력자나 초능력자가 아니기 때문입니다. 항시 몸으로만 뭔가를 이룰 수 있는 아주 평범한 존재들입니다. 이런 면에서 '오직 몸으로 수행하라'라는 말은 우리가 반드시 새겨들어야 할 말입니다.

몇 년 전에 론다 번이 쓴 《시크릿》이라는 책이 엄청나게 유행을 했습니다. '끌어당김의 법칙'을 소개하는 책으로 '생각하면 그대로 이루어진다'는 내용입니다. 자신이 갖고 싶은 것, 이루고 싶은 것, 소망하는 것들을 사진이나 글귀로 만들어 비전보드에 붙여놓고 수시로 소망이 이루어진 것처럼 상상하다보면 정말로 꿈이 현실이 된다는 내용입니다.

저도 처음에는 엄청나게 혹했으나, 이제는 신뢰하지 않습니다. 반드시 몸으로 하는 '행동화'가 따라야 하기 때문입니다. 아무리 상상을 수시로 한다손 치더라도 몸을 굴리지 않으면 절대로 이루어질 수 없음을 잘 알기 때문입니다. 차라리 상상할 시간에 몸을 매일 조금씩 굴리는 것이 현실적입니다.

상상을 너무 하다보면 망상가가 되어 버립니다. 오히려 자신의 꿈을 정했으면, 그 꿈을 잠시 잊고 꿈을 이루기 위해 매일 조금씩 뭔가를 하는 것에 초점을 맞추는 편이 훨씬 좋습니다. 자신의 꿈만 생각하다보면 '왜 빨리 이루어지지 않지?' 하는 조급한 마음만 앞서게 되고, 결국은 자신의 꿈을 포기하게 됩니다. 머리를 굴릴 시간에 몸을 굴려야 꿈이 이루어집니다. 초능력자가 아닌 이상 상상하는 것만으로는 절대로 꿈을 이룰 수 없습니다.

저는 오히려 시크릿에서 말하는 '비전보드'보다는 '계획표'를 붙여놓으라고 조언하고 싶습니다. 꿈을 굳이 남에게 보일 필요는 없습니다. 어떤 사람들은 자신의 꿈을 남에게 대놓고 말하라고 하는데, 제 생각엔 별로 바람직하지 않습니다. 꿈은 자신의 가슴속에 꼭 품고 있는 게 낫습니다. 대놓고 발설하게 되면, 오히려 꿈을 이루는데 방해가 되는 면이 더 많습니다. '너 ○○○가 되고 싶다며? 잘하고 있나?' 이런 식의 비아냥거림에 이겨낼 에너지가 필요하기 때문입니다.

계획표는 이렇게 만듭니다. 1일부터 말일까지 세로로 날짜와 요일을 씁니다. 가로는 1순위부터 매일 조금씩 할 명단을 써줍니다. 그리고 매일 했으면 'O'표, 안 했으면 'X'표를 하든지 비워둡니다. 그렇게 매일 차근차근 체크를 하면서 꿈을 향해 달려갑니다. 잘 보이는 곳에 붙여주는 게 좋습니다. 그래야 초심을 상기해서 매일 꾸준히 할 수 있습니다. 나중에는 습관이 되어서 이런 표 자체가 필요 없어집니다.

날짜	요일	1순위	2순위	3순위	4순위
		독서 20쪽	한 꼭지 글쓰기	한자공부 10개	복근운동 10분
1	월	O	O	X	X
2	화	O	O	O	O
3	수	O	O	O	O
4	목	O	X	X	O
5	·	O	O	O	X
…	·	O	O	O	X
31	·	O	X	O	X

상상을 너무 하다보면 망상가가 되어 버립니다.

오히려 자신의 꿈을 정했으면,

그 꿈을 잠시 잊고 꿈을 이루기 위해

매일 조금씩 뭔가를 하는 것에 초점을 맞추는 편이 훨씬 좋습니다.

독하게 할 필요는 없습니다

독한 사람이 성공합니다. 이는 어느 정도 맞는 말이라고 생각됩니다. 하지만 독하지 못한 사람들은 성공할 수 없을까요? 몇 년 전만 해도 저도 독하게 살고자 했습니다. 잠을 줄이고, 정말 일어나기 싫은 새벽에 일어나서 책을 읽고 출근을 했습니다.

왜냐고요? 성공한 사람들의 대부분이 그렇게 살고 있었습니다. 그들처럼 독하게 살고 싶었기 때문이죠. 독기와는 전혀 무관한 제 삶에 대한 회의도 몰려왔고, 이렇게 살다간 또 하찮은 인생을 살다가 죽겠구나 싶었습니다. 저도 성공이라는 반열에 오르고 싶었고, 그러려면 독기를 장착해야 되는 줄 알았습니다. 물론, 그 당시 저의 좌우명엔 '독기'가 들어 있었습니다.

그런데 그 당시의 삶을 회상해보면 전혀 행복하지 않았습니다. 이게 뭐하는 건가 싶기도 했고, 이렇게 해서 성공해도 행복할 것 같지가 않았습니다. 독기는 저와는 잘 맞지 않았던 것입니다. 저만의 스타일이 있는 것을 간과했던 것이죠.

그렇다면 요즘은 어떨까요? 요즘은 잠을 푹 잡니다. 대신 깨어있는 시간엔 누구보다 바쁘게 보냅니다. 한시도 가만 있지 않습니다. 틈새시간 확보를 위해 늘 분주합니다. 그 시간을 이용해서 글도 쓰고, 책도 읽고, 필사도 하고, 운동도 합니다. 저의 스타일에는 이게 맞는 방법이었습니다.

독하게 살 필요가 없습니다. 한순간 독하게 한다고 해서 꾸준히 할 수 있는 것도 아니고, 기력만 쇠하게 됩니다. 그 당시 제가 새벽에 일어나서 독하게 독서한 기간은 그리 길지 않았습니다. 그리고 책을 읽었어도 비몽사몽간이라 통 뭘 읽었는지조차 몰랐습니다. 별로 효과적인 방법이 아니었습니다.

자신의 리듬을 타야 됩니다. 새벽형 인간이라면 새벽에 일어나서 생활하면 되고, 저녁형 인간이라면 저녁시간을 이용하면 됩니다. 저처럼 새벽형도 저녁형도 아닌 잠형 인간은 깨어있을 때 시간을 충분히 이용하면 됩니다.

자신에게 맞는 법을 먼저 찾아야 합니다. 맞지도 않는 방법을 최선이라 생각하고, 그걸 못하는 나는 독기가 없어, 성공하려면 글러먹었어, 라고 판단하지 말아야 합니다. 독하게 산다는 것은 치열하게 산다는 것입니다. 열심히 사는 것이죠. 열심히 살 필요가 없습니다. 그냥 매일 조금씩 꾸준히 사는 게 더 중요합니다. 왜냐면 독기를 품고 열심히 사는 것은 죽을 때까지 할 수 없기 때문입니다. 그리고 그 독기를 푸는 순간 죽게 됩니다. 옛말에 이런 말이 있습니다.

'먹고 살만 하니까 저 세상으로 가버리네, 쯧, 쯧, 쯧'

즉, 독기를 품고 열심히 살다가 이제 먹고 살 만해지니까, 독기가 풀리자 그동안 독기로 버티고 있던 몸에 이상이 생겨 죽게 된 것입니다.

오래 해먹으려면 독기를 버려야 합니다. 대신 매일 조금씩 합니다. 독기 품는다고 오래가지도 못합니다. 독기를 털어버리고, 나만의 방식을 찾아서 매일 조금씩 하는 게 훨씬 낫습니다. 독기 잘못 품다가 그 독으로 세상과 하직하게 됩니다.

반복적인 생활의 힘

우리가 알고 있는 성공한 사람들의 대부분은 매일 반복적인 생활에 충실했습니다. 매일매일이 똑같을지라도 그것을 어떻게 느끼고 이용하는가에 따라 결과는 달라지게 됩니다. 어떤 사람들은 매일 똑같은 하루에 지겨워할지 모르겠지만, 성공한 사람은 달리 생각합니다.

우리가 잘 아는 개그맨 이경규의 말을 들어보겠습니다. 그는 성공하려면 반복된 생활을 계속하면 된다고 말합니다. 나이가 들면 후배한테도, 선배한테도 의지할 수 없다고 합니다. 결국 믿을 건 자신뿐이라는 겁니다. 그는 스스로를 컨트롤하기 위해 반복적인 생활에서 답을 찾았습니다. 일주일을 같은 패턴으로 삽니다. 그러다보면 어느 순간 발전된 자신을 볼 수 있다고 합니다. 돈, 인기, 사람에 대한 욕심을 다 버리고 생활의 달인처럼 살아가는 것이 성공이라고 그는 말합니다.

《1만 페이지 독서력》 윤성화, 한스미디어

위대한 철학자 아리스토텔레스도 이와 비슷한 말을 남겼습니다. '탁월함은 반복에서 나온다'고 했습니다. 또한 '탁월하면 행복해진다'고 했습니다. 즉, 반복적인 일을 꾸준히 실행하게 되면 탁월해지고 탁월해지면 행복해진다는 얘기입니다. 매일 반복하면서 패턴이 생기고, 그 패턴을 습관으로 만들기만 한다면 누구든 행복해질 수 있다는 결론이 도출됩니다.

제가 말하는 '매일 조금씩'은 결국 반복적인 삶을 살기 위한 방법입니다. 자신을 단련시키기 위한 최고의 방법이 '매일 조금씩'입니다. 어떤 일을 반복하게 되면 패턴이 생기고, 그 패턴은 결국 습관이 되며 습관이 되면 사람이 변하기 시작하고 인생이 변하기 시작합니다. 그러다보면 성공도 하게 되는 것입니다. 우리는 매일 무엇을 반복하고 있는지 자신을 스캔해봅시다.

반복적인 삶은 때론 지겹습니다. 당연히 지겹죠. 매일 조금씩만 해주면 되는데, 많이 하려니까 지겨워지는 겁니다. 매일 조금씩 하다보면 습관이 되는데 습관이 되면 지겨워지지 않게 됩니다. 그냥 몸이 자동으로 굴러가기 때문입니다. 숨 쉬는 것과 똑같습니다. 생각하지 않아도 숨을 쉬듯이, 자동적으로 하게 됩니다. 이 단계까지 만들어줄 수 있는 가장 편한 방법은 매일 조금씩 하는 것입니다.

좋은 습관 하나를 몸에 장착해 봅시다. 그 습관이 결국 삶을 바꿔 줍니다. 처음에는 별것 아닌 것같이 보이지만, 시간이 흐르면 그게 자신에게 제일 대단한 것이 됩니다. 좋은 습관 하나를 찾고, 그걸 매일 조금씩 해봅시다. 습관이 되면 자동으로 하게 됩니다. 그게 바로 달인이고, 성공인 것입니다.

천천히 가라,
너무 빨리 춤추지 마라

현대인들은 성공에 너무 목말라있습니다. 그런 모습이 때론 열정적으로 보이기도 하지만, 때론 안타깝게 느껴지기도 합니다. 자신에게 뭔가 서두르는 기색이 느껴진다면, 다음 시를 한번 권해봅니다.

〈삶에 대한〉

마지막으로 회전목마 위의 아이를
지켜본 것이 언제인가?
땅바닥을 간질이는 빗줄기의 소리를
마지막으로 들은 것은 언제인가?
부산스럽게 날아다니는 나비를 쫓아가다가

문득 멈춰 서서 저무는 태양을 바라본 적은 있는가?

천천히 가라.
너무 빨리 춤추지 마라.
시간은 짧다.
그 음악도 언젠가는 그칠 것이다.

매일 세상에서 가장 바쁜 사람처럼 허둥대지만
아무리 노력해도 따라잡을 수가 없는가?
하루 일과를 모두 마치고 지친 몸을 뉘면
내일 해야 할 사소한 일들이 끝도 없이 떠오르는가?

천천히 가라.
너무 빨리 춤추지 마라.
시간은 짧다.
그 음악도 언젠가는 그칠 것이다.

"내일은 꼭 같이 할 거죠?"라고 묻는 당신 아이의
슬픈 표정을 뒤로 한 채, 대답을 망설인 적은 없는가?
"잘 지내지?"라는 짧은 안부 전화를 걸 시간이 없어서
연락이 끊기고 소중한 우정을 잃어버린 적은 없는가?

천천히 가라.

너무 빨리 춤추지 마라.

시간은 짧다.

그 음악도 언젠가는 그칠 것이다.

어딘가를 향해 너무 빨리 달리면

그곳에서 얻게 될 행복은 반으로 줄어든다.

일생을 애태우며 허둥지둥 사는 것은

열어 보지도 않은 선물을 버리는 것과 같다.

삶은 숨가쁜 경주가 아니다.

조금 더 천천히 가라.

그 음악이 모두 끝나기 전에

아름다운 선율을 마음에 새겨라.

《삶이 너에게 해답을 가져다 줄 것이다》 김용택 엮음. 작자 미상. 마음의 숲

시간은 서두르지도,
쉬지도 않습니다

우리의 인생은 하루하루가 모여 한 달을 이루고, 한 달 한 달이 모여 일 년을, 그리고 그 일 년들이 모여 우리의 인생을 완성시키고 있습니다. 인생이 무엇이냐고 누군가 우리에게 묻는다면, 속히 뭐라고 말하기가 까다롭게 느껴집니다. 누군가 인생이 뭐냐고 묻는다면, 이제는 이렇게 답해보는 건 어떨까요?

"인생은 하루라는 점들이 모여서 만들어지는 그림입니다."

하루하루가 모여 결국 인생을 만들지만, 그 하루를 더 쪼개보겠습니다. 하루는 24시간이 모여 만들어지는 것이고, 1시간은 60분이 모여서 만들어지는 것이며, 1분은 60초가 모여서 만들어지는 것입니다. 즉, 하루는 86,400초로 구성되어 있습니다. 즉, 우리의 인생은 매초가 모여서 만들어집니다. 지금 이 글을 읽는 순간에도 시간을 흘러 가버렸습니다. 그것을 자각하는 순간도 과거가 되어버렸습니다. 시 계를 바라봅니다. 시침은 큰 미동 없이 있고, 분침도 그다지 움직이지 않는 것 같지만, 초침이란 녀석은 무진장 빨리 달리고 있습니다. 저 녀석이 1,440바퀴만 돌면 오늘 하루도 뚝딱 가버리는 겁니다. 그만 큼 시간은 쉬지 않고 흘러가버립니다.

이처럼 빨리 흘러가는 시간을 붙잡을 수 있는 방법이 있을까요? 없습니다. 우리가 좋거나 싫거나 시간은 자기의 길을 갈 뿐입니다. 우 리가 통사정을 해도 멈추어 주질 않습니다. 이런 야속한 시간을 우리 편으로 만들 방법은 없을까요? 시간을 허투루 보내지 않아야 합니다. 스스로 보내는 시간에 가치를 부여하다보면 시간이 흐르는 것이 그 렇게 아깝지만은 않을 것입니다. 쓸데없는 일에 보내는 시간을 줄이 고, 스스로 가치 있는 일을 한다면 시간은 서서히 내 편이 되어갑니 다. 매일 조금씩 가치 있는 일을 해보는 겁니다. 시간이 흐를수록 그 가치는 눈덩이처럼 커지게 될 것입니다.

하루 24시간을 꼼꼼히 체크해봅니다. 허투루 보내는 시간은 없는 지, 나는 오늘 어떤 가치 있는 일을 했는지, 얼마나 했는지. 86,400초 중에 몇 초나 가치 있는 일을 했는지 체크해 봅니다. 실제로 체크하다보면 하루 중 가치 있는 일을 거의 하지 않았다는 것을 알 수 있습니다. 즉, 그냥 숨만 쉬면서 허송세월했다는 뜻이죠. 이것은 오늘 나에게 주어진 시간을 그냥 버렸다는 뜻입니다. 매일 가치 있는 점을 찍어서 멋진 인생의 그림을 그려야 하는데, 오늘은 그 점을 찍지 않았다는 뜻이 됩니다. 어떤 그림을 그리고 싶은지 고민해봐야 합니다.

하루 중 자신에게만 고유하게 투자할 시간이 2시간 정도면 충분합니다. 이 정도 시간이면 그래도 인생을 잘 살고 있다고 말할 수 있습니다. 여기서 2시간이란 밥 먹는 시간, 잠 자는 시간 빼고, TV 보는 시간, 커피 마시는 시간 빼고, 일하는 시간, 휴식하는 시간 빼고, 순전히 '자신만을 위한 시간'을 말합니다. 본인 스스로 가치가 있다고 느껴지는 시간이요.

물론 밥 먹는 것이 가치 있다고 생각하면 가치가 있는 것이고, 텔레비전 보는 시간이 가치 있다고 생각되면 가치가 있다고 보면 됩니다. 가치 유무 판단은 각자에게 달렸습니다.

우리는 거의 대부분 자신의 의지대로 살지 못하고 있습니다. 거의 남에게 이끌려서 살아가고 있습니다. 하지만 이걸 알아야 합니다. 자신의 의지대로 할 수 있는 시간을 조금씩 확보하지 못하면 만날 남에게 이끌려서 사는 삶을 살게 됩니다. 그런 삶을 탈피하고 싶으면 이제부터라도 매일 조금씩 자신만을 위한 시간을 갖기 위해 노력해야 합니다.

3장

천千
- 천천히 한 발씩 내딛는 삶

화려한 천재보다
수수한 성실파가 더 무섭습니다

두 친구가 있었습니다. 한 친구는 화려한 천재였고, 다른 친구는 수수한 성실파였습니다. 화려한 천재는 조금만 공부해도 그냥 전교 1등을 했습니다. 하지만 수수한 성실파는 공부는 열심히 하는 거 같은데 성적이 잘 나오지 않았습니다. 많은 아이들이 화려한 천재를 부러워했고, 공부를 열심히 하지만 성적이 안 나오는 친구를 보며 놀려댔습니다. 다들 천재를 닮고 싶어 했습니다. 하지만 그를 닮을 수가 없었습니다. 천재는 하늘이 정해주는 것이지 노력으로 되는 것이 아니었기 때문입니다.

몇 년이 흘렀습니다. 천재는 아직도 화려했습니다. 적은 공부양으로도 얼마든지 수석을 놓치지 않고 있었습니다. 수수한 성실파는 아직도 열심히 공부는 하지만 반에서 중간 등수밖에 들지 못했습니다. 어리석어 보였습니다. 다들 화려함을 동경했고, 성실함을 무시했습니다.

또 그렇게 몇 년이 흘렀습니다. 그런데 조금씩 상황이 바뀌기 시작했습니다. 화려한 천재는 언젠가부터 수석 자리를 놓치고 있었습니다. 물론 성적은 탑클래스에 들지만 예전만큼 수석을 하지 못하게 되었습니다. 그래도 걱정이 없었습니다. 아직 탑클래스이기 때문이었습니다. 그러나 수수한 성실파는 아직도 열심히 하지만, 성적은 제자리걸음이었습니다.

또 그렇게 몇 년이 흘렀습니다. 화려한 천재는 이제 톱클래스는 아니었습니다. 그저 공부를 좀 하는 정도였습니다. 자신의 머리만 믿고 공부를 등한시하다 보니 그렇게 되었습니다. 수수한 성실파는 어떻게 되었을까요? 그는 아직도 열심히 공부는 했지만, 성적은 그저 그랬습니다. 왜 공부를 할까 싶을 정도로 어리석어 보였습니다.

또 그렇게 몇 년이 흘렀습니다. 이제 대학에 들어갈 나이가 된 것입니다. 화려한 천재는 일류 대학에 들어가지 못했습니다. 자신의 머리만 믿고 까불거리다가 성적이 자꾸만 떨어졌던 것입니다. 간신히 in 서울 턱걸이를 할 수 있었습니다. 남들은 이제 그를 더 이상 천재라고 부르지 않았고, 오히려 화려함만을 추구하는 허풍쟁이로 취급해버렸습니다. 그렇다면 수수한 성실파는 어떻게 되었을까요? 그는 자신이 원하는 대학 시험에 낙방했습니다. 그래서 재수를 결심했습니다.

시간이 흘러 1년이 지났습니다. 화려한 천재는 계속 그 대학에 다니면서 점점 술과 담배에 젖어 들면서 세상을 비관하기 시작했습니다. 수수한 성실파는 올해도 시험에 낙방해서 삼수를 준비했습니다. 그래도 그는 계속 열심히 공부를 했습니다. 참 멍청해 보였습니다.

다시 한 해가 갔습니다. 화려한 천재는 술과 담배에 찌든 말만 대학생이 되어버렸습니다. 예전처럼 명석하지도 못했고, 그렇다고 공부를 열심히 하지도 않았습니다. 그의 삶의 방식은 화려함만을 추구했지, 성실함과는 거리가 멀었기 때문이었습니다. 어른들이 말씀하시는 '성실'이라는 단어는 인류사에서 사라져야 할 구시대의 유물이라고 생각했습니다. 성실보다는 창의성이나 창조성이라는 단어가 더 좋아 보였고, 그것을 추구했지만 뜻대로 되지 않는 나날을 보내고 있었습니다.

그렇다면 수수한 성실파는 그는 아직도 삼수생일까요? 대학은 갔을까요? 뭘 하고 있을까요? 수수한 성실파는 결국 자신이 원하는 대학에 입학했습니다. 대한민국에서 알아주는 우수한 대학에 좋은 과에 당당히 합격할 수 있었습니다. 참으로 기나긴 노력의 시간이었습니다. 천재가 갔어야 할 대학을 수수한 성실파가 들어간 것이었습니다. 멍청해 보이고, 공부를 해도 성적이 안 나오는 둔재였는데, 어떻게 그 좋은 대학에 들어갈 수 있었는지 참으로 놀라웠습니다. 그는 성실하게 살아왔습니다. 성실하게 공부했고, 성적이 잘 나오지 않아도 매일 자신에게 주어진 공부를 성실하게 수행했습니다. 그 결과 오랜 시간이 흘러 소기의 목표를 달성하게 된 것입니다.

다시 수 년이 흘렀습니다. 화려한 천재는 아직도 그 화려한 맛을 못 버리고 천재인양 살아가고 있지만, 아무도 그를 알아주지 않았습니다. 하지만 수수한 성실파는 어느 누가 봐도 엘리트라고 인정받으며 칭송받았습니다.

이와 비슷한 예를 정약용과 그의 제자 황상의 이야기에서도 찾아볼 수 있습니다. 1788년에 황상이라는 사람이 태어났습니다. 그의 아명은 산석이며 호는 치원입니다. 다산 정약용의 강진 유배시절 가르쳤던 제자 중 가장 아꼈던 사람이 바로 황상입니다. 1082년 황상의 나이 15세 때 유배 온 정약용과 '스승과 제자'의 연을 맺습니다. 황상은 양반이 아니어서 과거시험을 치를 수 없기에 정약용은 그에게 시를 가르쳤습니다.

황상은 스스로 우둔하다고 생각했습니다. 그러나 정약용은 다르게 봤습니다.

"첫째도, 둘째도, 셋째도 부지런함이 필요하다. 우둔한 사람이 꾸준히 노력하면 더욱 훌륭한 사람이 될 수 있다. 둔한 끝으로 구멍을 뚫기는 힘들어도 일단 뚫고 나면 웬만해서는 막히지 않는 큰 구멍을 뚫을 수 있다."

황상은 정약용의 말에 용기를 얻고 생계를 위해 농사를 지으면서 시를 계속 공부했습니다. 그의 시는 당시 제주도에 유배되어 있던 추사 김정희가 감동받을 정도였습니다. 1963년에 죽은 그는 《치원유고》,《임술기》라는 문집을 남겼습니다.

반복적 연습이
성취를 낳습니다

타자는 매일 수백 번 야구방망이를 휘두르는 연습을 하고, 투수는 자는 순간까지도 야구공을 손에서 놓지 못하고 어떻게 하면 공을 잘 던질 수 있을까 고민합니다. 득도를 하기 위한 선승은 시종일관 화두 잡기에 골몰하고, 좋은 글을 쓰기 위한 작가는 글쓰기에 투자합니다. 김연아는 매일 스케이트장에 출근도장을 찍고, 박태환은 수영장에 출근도장을 찍습니다. 매일 수백, 수천 번씩 같은 동작을 반복해야 성적이 조금 나아질 뿐입니다.

우린 무엇을 반복하며 살고 있습니까? 학생들은 학교에 나가서 좋은 대학에 가기 위해 반복적인 공부를 하고, 회사원들은 좋은 성과를 거두기 위해 반복적으로 출근을 합니다. 그런데 야구선수나 스케이

트선수, 수영선수처럼 그렇게 살고 있는지요? 좋은 성과를 올리기 위해서 무한 반복을 실시하고 있는지요? 그냥 시간 때우기나 하고 있는 건 아닌지 자문해봐야 합니다. 단지 퇴근하면 땡이란 식의 사고로 인생을 살고 있는 건 아닌지, 월급 받는 만큼만 일한다는 마인드로 살고 있는 건 아닌지 스스로에게 물어봅니다.

시간 때우기식으로 하다간 사오정, 오륙도가 멀지 않았습니다. 나중에 회사가 나를 배신했다고 소리쳐봐야 소용없습니다. 다 뿌린 대로 거두는 법이니까, 본인 스스로 뿌린 씨앗을 잘 가꾸지 못한 대단히 당연한 결과일 것입니다. 퇴근 후에도 어떻게 하면 좋은 성과를 올릴지 고민하는 프로근성이 없으면 도태되는 것은 당연한 일입니다.

성과를 위한 반복적 연습은 필수입니다. 연습 없이는 성과를 낼 수 없습니다. 학자 피터 드러커는 자신이 쓴 책《자본주의 이후의 사회》에서 다음과 같은 말을 하고 있습니다.

정말이지 피아노 건반을 두들기는 것보다 더 지루한 일은 없다. 그러나 명성을 날리고 연주활동을 많이 하는 피아니스트일수록 더 열심히, 매일매일, 하루도 빠뜨리지 않고 연습하지 않으면 안 된다. 피아니스트들이 연주기술을 조금이라도 향상 시키기 위해서는 여러 달 동안 같은 악보를 계속 연습해야 한다. 그러고 나서야 비로소 피아니스트들은 그들이 마음의 귀로 듣게 된 음악적 성과를 얻을 수 있다. 마찬가지로 외과의사가 수술에 필요한 기술을 조금이나마 개선하기 위해서는 여러 달 동안 봉합술을 연습해야 한다. 유능한 외과의사일수록 더 열심히 틈나는 대로 봉합술을 연마해야 한다. 그것이 결국 그들의 수술시간을 단축시키고 또한 인간의 생명을 구하는 것이다. 성취가 성취를 낳는 것이다.

우리 개개인은 모두 프로입니다. 돈을 벌어 생계를 유지하는 사람은 모두 프로입니다. 그렇기 때문에 살벌한 것이죠. 잘하면 성공하지만, 못하면 도태됩니다. 이를 부정하려고 해도 소용없습니다. 진리이기 때문입니다.

우리는 야구선수 류현진처럼 매일 야구공을 던지고 있습니까? 기록을 좋게 하기 위해 노력하고 있습니까? 설렁설렁 월급이나 받아먹으러 회사를 다니는 것은 아닙니까? 세상에 공짜는 없습니다. 나중에 다 토해내야 합니다. 그러니 이제부터라도 매일 조금씩 자신의 가치 있는 일을 찾아 노력해야 하겠습니다. 뭘 할지 잘 모르겠거든 현업에서 찾아봅시다. 학생은 학교에서, 회사원은 회사에서.

우린 무엇을 반복하며 살고 있습니까?

조급증을 없애는 방법

저 또한 성격이 무지 급합니다. 조급하고, 성격이 못났습니다. 급하게 빨리 되는 것을 바라고, 천천히 늦게 되면 그냥 포기해버리곤 했습니다. 성실이라는 단어를 싫어했고, 꾸준하게 뭘 해본 적도 극히 드뭅니다. 항시 신속함을 추구했고, 빨리빨리를 좋아했습니다.

이런 조급증 환자인 저 같은 사람에게 필요한 비책은 없을까요? 비책이 있습니다. 저는 소설《태백산맥》 필사를 권하고 싶습니다. 필사가 처음엔 우습게 보였습니다. 10권을 창작하는 것도 아니고 그냥 보고 베끼는 거라 쉽게 생각했습니다. 하지만 하다 보니 그게 아니었습니다. 발을 잘못 디딘 것이죠. 어느 정도 필사를 했기 때문에 발을 뺄 수도 없었습니다. 그냥 꾸역꾸역 끝까지 가보는 수밖에 없었습니다.

필사를 하다보니, 조급했던 마음을 다스릴 수 있었고, 매일 조금씩 하는 힘에 대해서 서서히 깨닫게 되었습니다. 뭐든지 이렇게 매일 조금씩 하다보면 이룰 수 있겠구나 싶었습니다. 이는 몸을 통한 직감이었습니다. 글을 잘 쓰고 싶은 마음도 없었고, 좋은 단어를 취할 생각도 없었고, 역사의식을 고취하고 싶은 마음도 없었습니다. 단순하게 태백산맥 문학관에 이름 석 자 딱 박아서 전시하고 싶은 마음밖에 없었습니다.

그 단순한 욕심으로 시작했던 필사를 통해 저는 또 다른 것을 깨닫기 시작했습니다. 바로 매일 조금씩 하는 힘은 정말 무시 못할 정도의 어마어마한 큰 힘이 있다는 것을 깨달았습니다. 사실 조정래 선생의 함정에 빠진 거나 다름없었죠. 이름 석 자를 미끼로 저를 함정에 빠뜨린 것입니다.

하지만 그 함정은 참으로 기분 좋은 가르침이었습니다. 대놓고서 '성실하라, 꾸준히 하라' 하는 것보다 몸으로 깨닫게 되니 완벽하게 저를 변화시킬 수 있었습니다. 이 글을 읽고 있는 독자께서 저 같은 조급증 환자였다면, 저는 소설《태백산맥》을 필사하라고 권하고 싶습니다.

조정래 선생님은 자신의 책 《황홀한 글감옥》에서 다음과 같이 밝혔습니다. 선생님은 아들뿐만 아니라 며느리에게도 《태백산맥》 필사를 시켰습니다. 그렇게 한 이유를 많은 사람들이 궁금해 했습니다. 세간에서는 자신이 죽고 아들이 인세를 받기 위해서는 필사를 해야만 한다는 소문이 돌기도 했습니다.

그러나 조정래 작가는 다르게 말하고 있습니다. 그가 아들과 며느리에게 필사를 시킨 이유는 '매일매일 성실하게 꾸준히 하는 노력'이 얼마나 큰 성과를 이루게 하는지 직접 체험시키고자 한 것입니다. 필사를 통해 아들과 며느리가 '인생이란 스스로 한 발, 한 발 걸어야 하는 천 리길'이라는 것을 깨우쳐주고 싶었던 것입니다.

몸짱이 되고 싶다면

현재의 몸무게는 정상이지만, 군대 시절에는 많이 야윈 편이었습니다. 몸무게가 60kg 전후로 호리호리했습니다. 군에 가면 다들 몸이 좋아지는 줄 아는데, 저는 별로였습니다.

어느날, 비닐하우스에 누군가 벤치프레스를 만들어놨습니다. 쇠파이프 양쪽에 커다란 식용유캔에 시멘트를 넣어 만든 군바리용 벤치프레스였습니다. 저는 그것을 보는 순간 결심했습니다.

'이 비닐하우스를 지나칠 때마다 무조건 벤치프레스 50개를 하겠다.'

그 후로 저는 결심대로 비닐하우스를 지나칠 때마다 50개씩 시멘트역기를 들어올렸습니다. 시멘트로 만들어져서 50개 하기는 어렵지 않았습니다. 매일 하지는 못했지만 비닐하우스를 지나면 할 수 있는 한 50개를 하고 지나가려고 노력했습니다. 삽을 가지러 가다가도 50개, 심부름을 하고 돌아오는 길에도 50개, 양말을 빨고 들어올 때도 50개를 했습니다. 욕심도 없었고, 그냥 원칙이니까 그렇게 했습니다. 그렇게 겨울을 보냈습니다.

날씨가 더워지니 옷이 얇아졌습니다. 어느 날인가 농구를 하게 되었는데, 웃통을 벗었습니다. 한참을 하고 있는데, 부소대장이 지나가다가 저에게 한 마디 던졌습니다.

"와, 너 갑바가 장난이 아니구나!"

그때까지 저는 가슴근육에 대해 전혀 신경을 쓰지 않고 있었습니다. 그냥 정한 원칙대로 가볍게 50개씩 들어 올렸을 뿐인데, 갑바가 엄청나게 솟아올라있었던 것이었습니다.

그 당시 가슴근육을 세우기 위해 무리하게 욕심을 냈으면 어땠을까요? 아마 저의 성격상 며칠 열심히 하다가 포기했을 것입니다. 며칠 열심히 한다고 해서 갑바가 나오는 것도 아니고, 조급한 제 성격상 그걸 차분하게 기다리지 못했을 것입니다.

배에 초콜릿 복근을 새기고 싶으면, 단순히 매일 윗몸일으키기를 하면 되는 것이지, 꼭 초콜릿 복근을 만들어야지라고 아무리 각오를 다진다고 되는 것은 아닙니다. 오히려 조급증만 나기 때문에 쉽게 포기하게 됩니다. 욕심을 버리고, 최종 목표는 오히려 잊고 매일 조금씩 정한 원칙을 수행해나가는 것이 꿈을 이루는 방법일 것입니다.

매일 조금씩 뭔가를 수행하다보면 10년이 지나고, 20년이 지나면 그 분야의 대가가 될 수 있습니다. 티끌 모아 태산이며, 낙숫물이 섬돌을 뚫고, 밧줄이 나무를 자릅니다. 한 방에 되는 것은 없습니다. 다 조금씩 쌓이고 쌓여서 큰 것이 되는 것입니다. 크게 한 방을 노리는 수작은 이제 버려야 하겠습니다. 성실하게 꾸준하게 살고자 마음을 먹어야 됩니다.

필사를 통해

'인생이란 스스로 한 발, 한 발 걸어야 하는 천리 길'

이라는 것을 깨우쳐주고 싶었던 것입니다.

지금 당장 시작합니다

자, 이제 꾸준히 매일 조금씩 뭔가를 하기로 결심을 했다면, 바로 시작해 봅니다! '나중에'라는 말은 없는 겁니다. 아예 자신의 인생사전에서 지워버립니다. 나중을 찾는 사람은 절대로 성공할 수 없습니다. 바로 지금 돌진하는 겁니다. '준비 좀 하고, 나는 아직 그럴 형편이 못 돼, 나는 너무 요즘 바쁘다고'라는 핑계는 대지 않습니다. 누가 많이 하자고 했습니까. 매일 조금씩만 하자고 했습니다. 10분도 좋고, 5분도 좋습니다. 이 시간도 못 낸다고 말할 수는 없을 것입니다.

'아니, 고작 10분으로 뭘 이룰 수 있는가?'라고 물어볼 수도 있겠습니다. 하지만 일단 해보는 겁니다. 하다보면 그게 나중에 엄청나게 큰 결과물로 다가온다는 것을 알게 됩니다. 하찮게 생각했던 10분이 나중에 엄청난 성공을 가져다 줍니다. 모든 것은 하찮은 것에서부터 시작됩니다.

소설가 양귀자도 이런 말을 했습니다.

"작은 실금에도 불현듯 둑은 무너지고 물은 범람한다. 깃털 같은 눈송이도 쌓이면 지붕을 가라앉히고 거목을 쓰러뜨리듯 우리들 삶은 늘 하찮은 것으로부터 커다란 것을 일궈낸다."

한번 믿고 실행해봅시다. 지금 바로 해봅시다.

당신은 무엇이 되고 싶습니까? 작가가 되고 싶은가요? 그러면 지금 당장 글을 쓰는 겁니다. 얼마 전에 읽은 책 《작가사냥》에는 이런 글이 실려 있습니다.

지금 당장 글을 써라. 더 배우고, 더 익히고, 더 살아보고… 이런 말들은 어쩌면 핑계거리일지도 모른다. 글을 쓰는 것에 뛰어들려는 용기는 없고, 두려운 마음을 피해 보려는 변명이다. 그 변명 뒤에 숨은 자기 자신에게 이렇게 외쳐라.

"부족하면 부족한 대로 일단 써보자. 책은 태어나서 한 권만 쓰라는 법은 없다. 부족한 지금도 써보고, 더 배우고 익힌 나중에도 또 쓰면 된다!"

현재를 붙잡아라.

작가뿐만 아니라 모든 일이 다 이와 같은 이치입니다. 너무 오래 생각만 하고 있지는 않은지요? 공자가 말했듯이 생각은 깊게 두 번만 하고, 판단이 서면 일단 뛰는 겁니다. 그리고 뛰면서 생각하면 됩니다.

말년운을 좋게 만드는 방법

식상하지만 토끼와 거북이 얘기를 해보려 합니다. 토끼와 거북이가 달리기 시합을 했습니다. 토끼는 빨랐고, 거북이는 느렸습니다. 다들 토끼의 승리를 점쳤지만 결과적으로 거북이가 시합에서 이겼습니다. 왜일까요? 토끼는 자만을 해서 중간에 잠을 청했고, 거북이는 쉬지 않고 한걸음 한걸음 꾸준히 걸어 결국 거북이가 먼저 결승선에 골인하게 된 것입니다.

화려한 기술이 있는 자들은 자칫 자만의 늪에 빠지게 됩니다. 모든 일을 식은 죽 먹기로 생각하고, 대단치 않은 것으로 치부해 버립니다. 그리고 한 발 한 발 걷는 이들을 무시합니다. 처음에는 훨씬 잘 나가는 것처럼 보여도 훗날 보면 말년이 별로입니다. 말년이 행복한 사람들은 모두 거북이처럼 한 발 한 발 내딛는 사람들입니다. 인생은 단거리 경주가 아닙니다. 뚝심 있게 꾸준히 성실하게 걷는 사람이 말년이 행복해집니다.

운세를 보면 초년운, 중년운, 말년운이 나옵니다. 초년운은 잘난 부모를 만나게 되면 누릴 수 있는 행복이고, 중년운은 부모 덕 반에 자신의 덕 반입니다. 하지만 말년운은 오로지 자신의 노력 여하에 달려 있습니다. 성공한 인생을 산 사람은 말년운이 좋습니다. 초년운, 중년운이 아무리 좋았다 하더라도 말년이 비참해지면 성공한 사람이라고 볼 수 없습니다. 반대로 초년운, 중년운이 나빴어도 말년운이 훈훈하면 성공한 사람이라고 볼 수 있습니다.

이렇듯 말년운을 좋게 만들 수 있는 방법은 '매일 조금씩'입니다. 성실한 자세로, 매일 조금씩 하다보면 말년운을 좋게 만들 수 있습니다. 잔꾀를 부리는 것도 아니요, 기술을 가지고 장난치는 것도 아닙니다. 그저 성실한 마음자세로 인생을 사는 사람만이 누릴 수 있는 특혜입니다.

초년운이 불행하다고, 중년운이 행복하지 않다고 비관하지 맙시다. 말년운만 확실히 잡는다면 성공한 인생을 산 셈입니다. 왕년에 아무리 잘나가던 사람도 말년의 불행은 비참할 수밖에 없습니다.

인생을 길게 봤을 때, 학업우수상을 받은 학생보다는 개근상을 받은 학생이 더 성공 가능성이 높습니다. 개근상은 꾸준함, 성실함을 말해주는 증거입니다. 몸이 건강하다는 증거도 됩니다. 몸이 건강하니까 오래 살 수 있고, 말년도 건강하게 보낼 수 있습니다. 매일 꾸준히 성실하게 살아감으로써 어떤 분야가 됐든 일가를 이룰 것입니다.

인생이 반짝 단기간만 빛나길 원하십니까? 아니면 천천히 밝아지면서 말년에 가서 가장 빛나길 원하십니까? 저라면 후자를 선택하겠습니다. 젊어서 고생은 사서도 한다는데, 젊어서 반짝하면 뭐하겠습니까? 뒷날 살아갈 길이 더 막막해질 뿐입니다.

젊어서 반짝반짝 하면 주변에 유혹이 넘쳐나게 됩니다. 자기 잘난 줄 알고 안하무인이 되고, 세상이 쉽게 보이고, 남들을 깔보게 되고 건방져집니다. 겸손한 자세로 자신을 낮추고 삶에 대해 진지하게 다가서는 기회를 갖지 못합니다. 결국 스스로 자신의 무덤을 파는 꼴이 되어버립니다. 주위의 경고와 조언도 무시하게 되니 당연한 결과입니다. 이런 사람들보다는 매일 성실한 자세로 꾸준하게 티내지 않고, 멋 부리지 않고, 자신의 맡은 바 임무와 역할을 수행해 나가는 사람이 결국 행복한 말년을 보낼 수 있는 것입니다.

자투리 시간을 이용합니다

저는 근사한 저녁 식사를 하는 것처럼 1시간에서 2시간 정도 시간을 정해놓고 뭔가를 하려고 들지 않습니다. 되지도 않는 계획을 세우지도 않습니다. 오늘은 첫날이라 열심히 하겠지만, 내일이 되면 까맣게 잊어버리게 됩니다. 뭔가를 하려거든 자투리 시간, 틈새시간을 이용하면 됩니다. 거창하게 '저녁 7시부터 9시까지는 독서하는 시간이니까 날 건들지 마시오!'라고 주변 사람들을 힘들게 하지 않습니다. 틈새, 자투리 시간만 이용해도 충분히 하루 2시간 독서는 가능합니다.

《자조론》의 저자 새뮤얼 스마일즈도 자투리 시간의 소중함을 말했습니다. 끈기만 있다면 자투리 시간을 활용해서 큰 성과를 얻을 수 있다고 했습니다. 아무리 무지한 사람도 10년 안에 지식인으로 변신할 수도 있다고 했습니다.

반기문 유엔사무총장도 자투리 시간을 이용해서 프랑스어를 마스터했다고 합니다. 이들이 머리가 좋아서 그런 것일까요? 이들은 머리보다는 끈기, 꾸준함, 성실함으로 밀어붙였습니다. 포기하지 않고 틈새시간을 공략해서 한 분야를 마스터한 것이죠.

틈새시간의 좋은 점은 몰두할 수 있다는 점입니다. 풍족한 시간이 주어진다고 해서 그 시간 내내 집중해서 하는 것이 아닙니다. 자투리 시간 10분 동안 자신도 모르게 집중력을 끌어올리니 효과가 더 좋아지는 것입니다.

따라서 '매주 일요일마다 나는 내가 좋아하는 그림을 그려야지'라고 결심하기보다는 '매일 조금씩이라도 그림을 그려야지'라고 각오하는 편이 더 낫습니다. 일요일마다 그림을 그린다고 해도 하루 종일 그릴 수는 없습니다. 집중력도 떨어지고, 하루 종일 했다고 해도 효율적이지 못합니다.

짧막하게 끊어서 하면 집중력이 생겨서 좋고, 낭비되는 시간을 줄여서 좋습니다. 또한 틈새시간을 만들기 위해서 의무적으로 해야 할 일들에 대해서도 집중력을 발휘하게 됩니다.

혹시 회사업무를 1시간 만에 끝낼 수 있는 것을 3시간 동안 질질 끌지 않습니까? 이런 시간 때우기식 태도로는 성과도 좋게 나올 수가 없습니다. 1시간에 끝낼 수 있는 것을 50분으로 최대한 집중해서 줄이고, 나머지 10분은 자신만을 위한 시간을 갖는 노력이 하나하나 쌓이게 되면 그게 큰 힘으로 다가옵니다.

저절로 시스템

물을 한 컵 따라 마실 때를 생각해 봅시다. 우리는 어떻게 컵을 들고 있어야 할지, 어떻게 물을 컵에 부어야 할지, 어떤 각도로 얼마큼의 힘으로, 얼마 동안이나 부어야 할지 등에 관해서 생각하지 않고 거의 무의식적으로 '저절로' 따라 마십니다.

밥을 한 숟가락 떠먹을 때도, 숟가락을 오른손으로 쥐어야 하는지, 왼손으로 쥐어야 하는지, 오른손으로 쥐었다면 어느 손가락을 사용해서 숟가락을 잡아야 하는지, 잡았으면 얼마큼의 힘으로, 어떤 각도로 숟가락질을 해야 하는지, 밥을 얼마큼 퍼야 하는지, 펐다면 어떤 각도로 얼마큼의 속도로 입으로 향하게 해야 하는지 생각하지 않고 거의 무의식적으로 '저절로' 떠먹습니다.

지금이야 그렇지만, 우리가 처음 배울 때는 어땠습니까? 물컵에 물을 따를 때도 흘려대고, 밥을 먹을 때도 흘려댔습니다. 무진장 신경을 써서 하지 않으면 엄마한테 혼도 났고, 처음부터 완벽하게 한 사람은 없었습니다. 무수한 시행착오를 경험하고, 매일 조금씩 하다보니까 능숙해진 것입니다.

우리가 물컵에 물 한 잔을 제대로 먹기 위해서 따로 시간을 내서 연습을 한 것은 아닙니다. 밥알을 흘리지 않고 제대로 먹기 위해서 따로 시간을 내서 연습을 하지도 않았습니다. 단지 물 마시고 싶을 때마다 연습을 했고, 밥 먹을 때마다 연습했을 뿐입니다. 그렇게 하루하루, 일주일, 한 달, 일 년, 이 년이 지나니까 이제는 거의 '저절로' 잘 할 수 있게 되었습니다.

이 '저절로'라는 말이 참으로 매력적이지 않은지요? 큰 노력이나 의도와는 상관없이 몸이 알아서 해주는 시스템이 '저절로'입니다. 오래 살수록 저절로 되는 것들이 점점 늘게 됩니다. 자동차 운전도 저절로 하게 되고, 자전거도 저절로 타게 됩니다. 오히려 그것들을 하면서 동시에 여러 가지 많은 일들도 할 수 있게 되었습니다. 왜냐면 저절로 되니까 다른 것을 동시에 할 수 있는 것입니다.

매일 조금씩 하게 되면 '저절로' 할 수 있게 됩니다. 매일 조금씩 운동을 하면 저절로 운동을 하게 되고, 매일 조금씩 공부를 하게 되면 저절로 공부를 할 수 있게 됩니다. 내가 군이 의도하지 않아도 숨쉬는 것처럼 저절로 굴러가게 됩니다. 이 얼마나 편한 시스템입니까. 이 시스템만 만들어주면 됩니다.

소설가 어니스트 헤밍웨이는 누군가 "어떻게 그렇게 글을 잘 쓸 수 있었습니까?"라고 묻자, 이렇게 대답했다고 합니다.

"내가 한 일은 딱 하나입니다. 나는 무조건 9시에 책상에 앉았습니다."

소설《개미》등으로 유명한 베르나르 베르베르가 얼마 전 한국에 왔을 때 있었던 일입니다. 한 기자가 낮 12시에 인터뷰를 하러 갔는데, 베르베르의 말이 자기는 아침 8시부터 12시까지 꼭 글을 쓴다면서, 오늘은 12시에 인터뷰가 있기 때문에 두 시간 일찍 깨서 6시부터 10시까지 네 시간을 변함없이 글 쓰는 데 할애하고 왔다고 했습니다.

《꿈PD 채인영입니다》 채인영. 산티

이들처럼 우리도 시스템을 만들어주면 됩니다. 매일 조금씩 하게 되면 습관으로 몸에 착 달라붙게 되는데 바로 이게 시스템화하는 방법입니다. 어떤 일을 습관으로 만들고 싶다면, 매일 조금씩만 해보는 겁니다. 나중엔 내 몸이 '저절로' 굴러가게 됩니다.

끈기만 있다면

자투리 시간을 활용해서 큰 성과를 얻을 수 있다고 했습니다.

아무리 무지한 사람도 10년 안에 지식인으로 변신할 수도 있다고 했습니다.

뚫고 뚫면 뚫립니다

인도의 한 마을에 다스라트 만지라는 사람이 있었습니다. 그의 아내가 산에서 굴러떨어져 머리를 다쳤습니다. 근처에 병원이 없어 치료를 받지 못하고 죽었습니다. 병원은 바위산 너머에 있었습니다.

만지는 아내의 장례를 치르고 망치 한 자루와 정 하나를 들고 바위산을 뚫기 시작했습니다. 그렇게 22년간 바위산을 뚫었고 길을 만들었습니다. 그 길을 통해 다른 사람들이 병원을 이용할 수 있게 되었습니다.

뚫고 뚫면 뚫린다!

불가능할 것 같은 바위산을 망치 한 자루와 정 하나만으로 22년간 깨부수기 시작한 다스라트 만지. 그의 정신을 우리는 본받아야 합니다. 다들 미쳤다고 했을 것입니다. 그리고 정말 굴을 뚫을 수 있을까 궁금했을 것입니다. 하지만 만지는 뚫어버렸습니다. 매일 조금씩 하다보니 결국 뚫어버렸습니다. 그가 하루종일 굴만 판 것이 아니었습니다. 틈틈이 남의 일을 거들어주고 밥을 얻어 먹어가면서, 즉 생계를 위한 활동을 하면서 바위산을 뚫은 것입니다. 그는 아내를 정말 사랑했던 애처가였습니다.

애처가 하니까 생각이 났는데, 제가 아는 사람은 임신한 아내를 위해서 학(학알인가?)을 접어준다고 했습니다. 그는 하나하나 학을 접으면서 아내를 생각하고, 나중에 선물을 받고 기뻐할 아내 생각을 한다고 했습니다. 그는 매일 조금씩 학을 접을 것입니다. 생계를 팽개치고 학 1000마리를 접기 위해 몇 날 며칠 밤을 새지는 않을 것입니다. 다만 틈 나는대로 매일 조금씩 학을 접으면서 사랑을 키워나갔을 것입니다. 일주일 휴가를 내고 학 1000마리를 접는 것보다는 매일 매일 10마리씩 100일간 접는 것이 더 나을 것입니다. 급하게 접는 것보다는 시간을 두고 찬찬히 접는 것이 더 정성스럽게 느껴지는 것은 저만의 착각일까요?

이룰 수 없어 보이는 것도 매일 조금씩 하다보면 이루게 됩니다. 처음부터 겁 먹지 않고, 매일 할당량을 채워나가기만 하면 됩니다. 우공이산(愚公移山)이라는 말이 있습니다. 어리석은 노인이 산을 옮긴다는 뜻입니다. 여기서 어리석다는 뜻은 우직하고 성실하고 꾸준하다는 의미가 강합니다. 우리에게 필요한 것은 오히려 이 우직함입니다. 머리가 잘 돌아가면 자꾸 핑계거리만 찾게 되지, 전혀 도움이 되지 않습니다. 우직하게 매일 조금씩 해보는 겁니다. 산도 옮길 수 있고, 바위굴도 팔 수 있습니다. 쉬지 않고 꾸준하게 한 가지 일을 하다 보면 마침내 큰일을 이룰 수 있는 법입니다.

가진 게 없는 사람이
할 수 있는 일

　부모에게 물려받을 유산도 없고, 그렇다고 지금껏 열심히 살지도 못해서 이룬 것이 없다고 그냥 현실에 타협하며, 그냥 주는 월급만 받아먹으며 살 수만은 없습니다. TV를 보면 재벌들이 그렇게 잘도 나오는데, 왜 내 주변엔 그리도 돈 많은 사람들이 없을까요. 주위엔 도와줄 사람이 없습니다. 외국에서 부자로 사는 먼 친척에게 자식이 없어서 그 많은 재산을 어느날 갑자기 받는 일도 영화에서는 그렇게도 잘도 일어나는데, 도통 우리 현실에서는 거의 일어나지 않습니다.

　그래도 우리에겐 아직도 남은 무기가 하나 있습니다. 이거라도 없으면 어찌 사나 싶기도 합니다. 우리에겐 매일 조금씩 할 수 있는 힘은 남아있습니다. 어떤 분야든 자신이 좋아하는 분야에 매일 조금씩

정진하다보면 그 분야에서 자신의 자리를 만들 수 있습니다. 가진 거 없는 사람, 빽도 끈도 없는 사람들은 이 말을 명심해야 할 것입니다. 나이 서른이 넘으면 부모 탓하지 말라고 했습니다. 서른부터는 부모 떼고, 스스로 어떻게 사느냐에 따라 인생이 만들어지는 것입니다. 아직까지도 그냥저냥 인생을 살고 있다고 해서 포기하지 말고, 다시 한 번 용기를 내보는 겁니다.

과학칼럼니스트 이인식은 이렇게 말했습니다.

"어떤 분야든 왕도는 없습니다. 한 분야를 10년 파면 길이 열려요. 자기 분야에서 무조건 경험을 쌓고 기다리면 개안(開眼)의 시기가 옵니다. 그때까지는 목숨을 걸고 가야 해요. 어느 순간이 지나면 눈이 탁 트이고 일이 쉬워지는 때가 오게 되어 있어요."

저는 여기에 몇 마디 덧붙이고 싶습니다. 이인식 칼럼니스트는 '목숨을 걸고' 가야 된다고 말했지만, 목숨 걸 필요까지는 없습니다. 목숨 걸고 해서 이루면 뭐하겠습니까. 왜 하나뿐인 목숨을 겁니까. 10년 안에 뭔가를 이루려고 욕심이 있으니까 목숨까지 걸게 되는 것입니다. 목숨 안 걸고 20년 걸려 뭔가 이뤄내면 뭐 어떻습니까? 목숨 안 걸고 매일 조금씩 하다보면 개안(開眼)의 시기가 옵니다. 오지 말라고 해도 오게 됩니다.

매일 조금씩 안 하니까, 목숨까지 걸게 되는 겁니다. 목숨 걸 생각 말고, 그저 매일 조금씩 어떻게 하면 할 수 있을지에 집중하는 겁니다. 그리고 매일 조금씩 하다보면 나중에는 자연스럽게 매일 많이씩도 할 수 있는 날이 옵니다. 하루 종일 그것만 할 수 있는 날이 옵니다. 그러니 처음에는 욕심내지 말고 매일 조금씩만 해봅시다. 나중에 완전히 습관으로 장착되면 본인 스스로 알게 됩니다. '이제 시간을 좀 늘려도 부하 걸리지 않겠구나' 이때쯤 시간을 늘려주면 됩니다.

'지금 내 나이가 예순이라고, 앞으로 20년 후면 팔십이라 말도 안 되는 소리 하지 말라'고 하는 사람들도 있을지 모르겠습니다. 나이 팔십이면 어떻고 구십이면 어떻습니까. 꼭 뭔가를 이루는 것이 바람 직한 삶이라고 볼 수만도 없습니다. 그 연세에 꿈을 이루기 위해 노력하는 모습을 후손들에게 보여주시는 것만으로도 소중한 가르침이 될 것입니다.

목숨 안 걸고 20년 걸려 먼가 이뤄내면 뭐 어떻습니까?

목숨 안 걸고 매일 조금씩 하다보면 개안의 시기가 옵니다.

오지 말라고 해도 오게 됩니다.

꾸준함을 이길 재능은
없습니다

저는 과거에 '창조', '창의'라는 단어를 사랑했습니다. 그리고 그때는(지금도 마찬가지지만) 세상 분위기가 그쪽을 많이 쳐주었습니다. 하지만 그 창조라는 것도 꾸준함이 바탕이 되지 않으면 나오지 않는다는 것을 이제는 압니다. 매일 조금씩 꾸준히 생각을 버릇처럼 해야지 창조도 많이 나올 수 있음을 깨달았습니다.

작가가 글을 쓰려면 규칙적으로 책상에 앉아 글을 쓰는 버릇을 들이고, 야구선수가 야구를 잘 하려면 규칙적으로 연습장으로 나가는 버릇을 들여야 합니다. 그런 꾸준함 없이 '어느날 갑자기' 무언가가 생기는 일은 별로 없는 것 같습니다.

어떤 재능이든지 꾸준함은 기본입니다. 아무리 어떤 재능이 출중

해도 꾸준히 단련시키지 않으면 평범해지고 맙니다. 예전에 TV에서 어릴 때 천재들이 나중에 성인이 되어서는 어떻게 사는지 조사를 했습니다. 사람들의 예상은 천재였으니 지금쯤 다들 한자리씩 하면서 살 줄 알았습니다. 그러나 결과는 딴판이었습니다. 거의 대부분의 천재였던 아이들이 평범하게 살고 있었습니다. 천재성을 꾸준히 단련시키지 않으면 천재도 평범하게 되고 마는 것입니다.

저는 이제 천재성보다 꾸준함을 더 사랑합니다. 꾸준하지 못하면 천재성도 유지할 수 없기 때문입니다. 어릴 적 천재였는데, 꾸준하지 못해서 나중에 평범하게 살아간다면 얼마나 억울한 일이겠습니까. 차라리 어릴 적엔 평범했지만, 꾸준한 노력으로 나중에 성공을 하는 경우가 더 멋집니다.

공부는 평생 해야 한다고들 합니다. 학창시절에 대학을 가기 위해서만 공부를 하는 것이 아니라, 죽을 때까지 공부를 해야 합니다. 학창시절 공부를 잘해서 좋은 대학에 들어간 친구들이 대학에 들어가서는 그동안 못 놀았던 것에 대한 한풀이라도 하듯 공부를 등한시하여 그동안 쌓아왔던 공부 내공을 잃는 경우를 종종 보았습니다. 오히려 좋은 대학을 못 갔지만, 대학에 가서도 꾸준히 공부를 해서 좋은 성과를 올리는 친구들이 있습니다. 길게 보았을 때 이런 친구들이 성공을 하게 됩니다. 공부라는 것도 단기간, 일시적으로 하는 것이 아니라 땅에 묻히는 순간까지 해야 합니다. 일시적으로 단기간 천재적으로 공부를 잘했어도, 중단하게 되면 나중엔 아무것도 아닌 게 됩니다. 만날 '왕년에~, 왕년에~'만 찾게 됩니다. 페달질을 멈추게 되면 잘 달리던 자전거도 멈춰서는 법입니다.

포기하지 않기 위해서는

사실 조금씩 하는 이유는 매일 하기 위해서입니다. 많이 하면서 매일 하는 것이 제일 좋지만, 매일 많이 하는 것은 어렵습니다. 따라서 매일 하기 위해서는 '조금씩 해야 한다'는 결론이 나옵니다. 그렇다면 왜 매일 해야만 하는 것일까요? 이에 대한 답변은 자기계발전문가인 안상헌의 말을 빌어보겠습니다.

계획에서 중요한 것은 단 하루라도 실천하는 것을 잊어서는 안 된다는 점이다. 하루만 거르면 다음 날도 거르게 될 가능성이 높다. 또 다음 날도 마찬가지가 될 것이고. 그러다 보면 계획 자체가 무용지물이 되고 프로젝트는 중단된다. 수영장이나 헬스클럽에 등록해본 사람이라면 충분히 공감할 것이다. 하루만 가지 않아도 다음 날 가기 싫어진다. 그래서 중요한 것이 하루라도 빠지지 않으려는 마음이고, 그것을 반드시 실천하는 것이다. 혹시 하루 공부를 못 하는 날이 생기더라도 다음 날은 어떻게 해서든 계속할 수 있도록 정신무장을 철저히 해야 한다. 그래야 빼먹는 일이 반복되다 결국 포기에 이르는 불상사를 막을 수 있다.

《인문학 공부법》 안상헌. 북포스

즉, 포기하지 않기 위해서입니다. 처음 목표를 세우고 그 목표를 이루기 위해서는 계속해서 연습(훈련,수련)을 해야 하는데, 도중에 포기하게 되면 목표를 이룰 수 없기 때문입니다. 우리들이 세웠던 수많은 목표를 이루지 못한 이유의 99%는 중도 포기했기 때문입니다. 다이어트도 도중에 포기했기 때문에 이루지 못한 것이고, 태권도 검은 띠도 도중에 포기했기 때문에 이루지 못한 것입니다.

거꾸로, 도중에 포기하지만 않는다면 웬만한 목표는 거의 이룰 수 있다는 결론이 나옵니다. 포기하기 않기 위해서는 '매일 조금씩' 하는 방법이 최선입니다. 조금씩은 각자의 능력과 상황에 따라 달라지는 극히 개인적인 양입니다.

예를 들어, 매일 조금씩 독서를 하기로 결심을 했다고 가정해보겠습니다. A라는 사람에게 조금씩은 30쪽이고, B라는 사람에게는 10쪽이 될 수 있는 것입니다. A는 A대로, B는 B대로 읽으면 그것으로 족

합니다. 이럴 때 B는 A보다 적게 읽는다고 무리하게 30쪽씩 읽겠다고 결심하게 되면 결국 중도 포기하게 됩니다.

남과 비교할 필요가 없습니다. 중요한 것은 속도가 아닙니다. 계속할 수 있는 힘이 중요한 것입니다. 물론 A가 나중에는 더 많은 책을 읽을 것입니다. 하지만 많이 읽는다고 꼭 좋은 것도 아닙니다. 각자의 개성에 맞게 꾸준히 계속하다보면 종국에는 다 그게 그거가 됩니다. 먼저 간다고 먼저 성공하는 것도 아닙니다. 자기의 스타일에 맞게 사는 것이 가장 자기답게 사는 것이지요.

중요한 것은 어떻게 하면 포기하지 않을까에 초점을 맞추는 일입니다. 빨리 가고 늦게 가고는 중요하지 않습니다. 천천히 가도 됩니다. 대신 포기하지 않으면 됩니다. 그동안 살아오면서 포기했던 일을 상기하면서 어떻게 하면 포기하지 않을지 고민해봅니다. '매일 하되 조금씩' 하다보면 중도 포기하던 습관을 고칠 수 있게 됩니다. 뭔가 목표를 세우고 포기하는 습관을 없애게 되면 서서히 이루어내는 목표가 많아지게 됩니다. 나중에는 생각한 것을 모두 현실화시킬 수 있게 됩니다. 포기하지 않으니 어찌 죄다 이루어지지 않겠습니까. 비가 올 때까지 기우제를 지내는데 어찌 비가 오지 않겠습니까.

중요한 것은 어떻게 하면 포기하지 않을까에 초점을 맞추는 일입니다.

빨리 가고 늦게 가고는 중요하지 않습니다.

천천히 가도 됩니다.

대신 포기하지 않으면 됩니다.

실력 향상의 법칙

    매일 조금씩 하다보면 당연히 실력은 조금씩 늘 수밖에 없습니다. 실력이 조금씩밖에 늘지 않는다고 조급해하면 끝장을 볼 수 없게 됩니다. 우리는 서서히 실력을 연마하고자 하는 것입니다. 서서히 하다보면 습관으로 굳혀지게 되고, 습관이 되면 그게 나중에는 커다란 결과물을 얻을 수 있는 작전(?)입니다. 서두르게 급히 먹는다고 해서 실력이 단번에 느는 것도 아닙니다. 참을성 있게 실력을 연마해 보는 겁니다.

    실력은 처음에는 느리게 향상됩니다. 어쩔 때는 아예 향상되지 않습니다. 기울기가 가파르게 실력이 향상되면 좋겠지만, 우리 마음대로 실력은 향상되지 않습니다. 실력이 향상되는가 싶으면 또 정체기가 찾아오고, 긴 정체기 끝에 또 실력이 향상되는가 싶으면 또 정체기가 찾아옵니다. 그런 과정을 무수히 거쳐야 완벽한 실력자(달인)가 될 수 있습니다. 따라서 달인이 되기 위해서 필요한 자세는 '기다림'입니다.

성격이 급한 사람, 조급한 사람들은 이 정체기를 참지 못합니다. 그들은 정체기가 찾아오면 다른 분야로 곧장 갈아타버립니다. 한 분야에서 오래 있지 못하고 이곳저곳 들쑤시기만 합니다. 조금만 더 파면 노다지가 나올 텐데 몸만 바쁘지 이룬 것은 하나도 없습니다. 여기저기 많은 분야를 수박 겉핥기식으로 섭렵해서 얇은 지식은 많을지언정 정말로 쓸모 있는 지식은 갖추지 못하고 있습니다. 한 분야에 묵직하게 엉덩이를 붙이고 앉아 있어야 제대로 된 실력 발휘를 할 수 있을 텐데 그게 그렇게 어렵습니다.

방법이 있습니다. '매일 조금씩'만 하면 됩니다. 마음에 드는 분야 하나 잡고서 매일 조금씩 실력을 연마하면 됩니다. 실력이 늘든, 늘지 않든 간에 그런 건 신경 쓰지 말고 그냥 매일 조금씩만 하면 됩니다. 매일 조금씩 하면서 기다려 보는 겁니다.

흐름이 끊겨도
신경질 내지 맙시다

예를 들어 뜬금없이 수학의 도사가 되고 싶어서 《수학의 정석》을 매일 5장씩 하기로 결심했는데, 이런 저런 경조사로 인해 못하게 되는 경우가 있습니다. 이런 경우에는 짜증이 나도 과감히 잊고 내일부터는 어떻게 해나갈지 고민하는 게 현명한 처사입니다. 또한 5장 하기로 했는데 자꾸 아내가 심부름을 시켜서 흐름이 끊긴다든지, TV에 재미있는 프로그램을 놓치고 싶지 않아서 잠시 흐름이 끊겨도 신경질 내지 않습니다. 심부름을 하고 나서 하면 되고, TV 보고 하면 됩니다. 한 번에 쭉 이어서 5장을 할 생각을 버리고, 끊어서 1장, 1장 하면 됩니다.

어떤 약국의 약사는 수학문제 푸는 것이 취미였습니다. 그는 손님이 없을 때는《수학의 정석》을 펴놓고 수학문제를 풀었습니다. 수학 문제 푸는 것이 취미였고, 매일 조금씩 문제를 풀었습니다. 수학의 도사가 되고 싶은 것도 아니었고, 오로지 취미가 수학문제 풀기라니 저로서는 도통 이해가 되지 않지만, 사람마다 각기 다르니 뭐 이해해줄 만도 하겠습니다. 이 약사 같은 마음으로 해나가면 됩니다.

시간이 날 때마다 짬짬이 그저 재미로 돈벌이가 아닌 그냥 자신의 만족감을 위해 하는 일이 '진짜 자기를 위한 일'입니다. 돈과 결부되거나, 성과와 결부되지 않는 일을 찾아서 매일 조금씩 해봅시다. 그래야 욕심도 생기지 않고, 조급해지지도 않고, 남에게 내세울 필요도 없고, 그저 자신만을 위한 것이 됩니다. 이런 것들이 있어야 세상 사는데 힘이 생깁니다. 이런 것들을 찾으려면, 세상 사람들이 하는 것과 반대로 하면 됩니다. 돈이 안 되는 일, 사람들이 싫어하는 일, 별로 해도 득이 되지 않는 일이 그런 일입니다.

내 의지와 상관없이 자꾸 일이 생겨 하던 일을 멈추게 되었을 때 신경질이 난다면 '욕심을 부리고 있구나, 조급증에 서서히 걸리려고 하는구나'라고 생각하면 맞습니다. 조급해지고, 욕심이 생기게 되면 장기적으로 봤을 때 전혀 득이 되지 않습니다. 앞서 봤던 약사의 마음가짐으로 해야지, 욕심이 생기게 되면 습관으로 만들기 어렵게 되고, 나중에는 포기하게 됩니다. 욕심을 버려야 얻을 수 있습니다. 얻기 전에 먼저 버려야 합니다.

하루 이틀 여러 가지 일들로 인해 불가피하게 못하게 되어도 전혀 신경질 낼 필요가 없습니다. 인간으로서의 도리를 마땅히 한 뒤, 시간을 내서 하면 됩니다. 마치 오늘 못하면 죽는다, 라는 생각을 가지면 마음만 급해지고 재미 없어집니다.

살다보면 교통사고가 나서 일주일 동안 꼼짝없이 병원에 누워있을 수도 있고, 천재지변이 일어날 수도 있는 것입니다. 각박하게 자신을 옥죄지 맙시다. 며칠 하지 못했다고 조급한 마음이 들어 못했던 것을 챙겨서 할 필요도 없습니다. 또한 미리 내일은 못할 것 같으니까 오늘로 당겨서 할 필요도 없습니다. 부하만 걸리게 되고, 질리게 됩니다. 질리면 포기하게 됩니다.

장기적으로 봤을 때 며칠은 그다지 중요하지 않습니다. 꾸준히 하는 흐름만 타면 아무 상관이 없습니다. 며칠 동안 아무것도 못했어도 다시금 자신의 자리로 돌아와서 다시 시작하면 됩니다. 못하는 날이 생기면 그날은 그냥 깨끗하게 단념하고, 어떻게 하면 내일은 흐름을 살려서 계속 할 수 있을지 생각하는 것이 낫습니다.

야구에서 매 경기 연속 안타를 치는 경우는 없습니다. 30경기 연속안타 행진을 하다가도 안타를 못 치는 날이 생기게 됩니다. 그렇다고 시무룩할 필요가 있겠습니까. 내일 경기에 안타를 치면 되는 겁니다. 비록 연속 안타행진은 끊겼지만 그게 무슨 대수란 말인가요? 장기적으로 봤을 때 타점 좋고 타율 좋으면 되는 거 아닌가요?

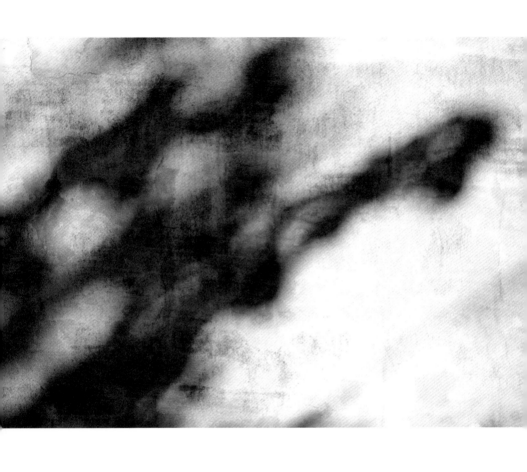

시간이 날 때마다 짬짬이

그저 재미로 돈벌이가 아닌 그냥 자신의 만족감을 위해 하는 일이

'진짜 자기를 위한 일'입니다.

일단 시작한 것은
끝장을 봅니다

　우리는 살면서 얼마나 많은 것들을 포기하고, 스스로 잘한 일이라고 타협하면서 살아왔습니까. 그 수가 너무도 많아서 손으로 꼽을 수도 없을 것입니다. 보통 마음먹은 대로 끝까지 하는 경우는 거의 없을 테니까요. 하지만 언제까지 그렇게 살길 원하십니까. 큰 성공은 못 이루어도 눈감을 때는 그래도 잘 살았다고 느끼고 싶지 않습니까. 그렇기 위해서는 뭐라도 제대로 이뤄놔야 마음이 편할 것입니다.

　우리가 이루지 못한 것들의 거의 대부분은 포기했기 때문입니다. 이 포기만 하지 않았더라면 거의 다 이루었을 텐데, 우리는 이내 포기하고 말았습니다. 저는 뭔가 끝까지 해본 경험이 거의 없습니다. 자신감, 자존감이 완전 바닥입니다. 하지만 매일 조금씩 하다 보니까 서서히 자신감과 자존감이 생기기 시작했습니다. 이루기 쉬운 작은 것부터 하나하나 끝장을 보다보면 자존감이 많이 살아나게 됩니다. 처음부터 어려운 목표를 잡지는 않습니다. 이루기 쉬운 목표부터 잡고 그것을 이뤄봅니다. 성공의 경험이 하나둘 쌓이면서 어려운 일에 대한 도전도 자신감 있게 해볼 수 있는 것입니다. '나이가 많다, 시간이 없다'라는 핑계는 이제 개나 줘버립니다.

히로나카 헤이스케라는 일본 사람이 있습니다. 그는 1931년 일본 야마구치 현에서 출생하였고, 벽촌 장사꾼의 열다섯 남매 중 일곱 번째 아들이었습니다. 유년학교 입시에서 보기 좋게 떨어지고, 한때는 피아니스트를 꿈꾸었던 곡절 많던 소년입니다. 대학 3학년이 되어서야 수학의 길을 택해 늦깎이 수학자가 된 그는 끈기 하나를 유일한 밑천으로, 미국으로 건너가 하버드에서 박사학위를 따내고 수학의 노벨상이라 불리는 필드상까지 받은 독특한 이력의 소유자입니다. 1970년 복소 다양체의 특이점에 관한 연구로 이 필드상과 일본 문화 훈장을 받았습니다. 현재 교토 대학 명예 교수, 하버드 대학 명예 교수이자 수리과학진흥회 이사장입니다. 그는 자신이 쓴 책《학문의 즐거움》에서 이런 말을 했습니다.

내 신조는 수학을 연구하는데 있어서 끈기가 있어야 한다는 것이다. 문제를 해결하는 데 걸리는 시간을 남보다 길겠지만, 끝이 날 때까지 관철하는 끈기는 누구에게도 뒤지지 않는다고 생각한다. 비록 다른 사람이 한 시간에 해치우는 것을 두 시간 걸려 끝내더라도, 또 다른 사람이 1년 만에 끝내는 일을 2년 만에 끝내더라도 일단 시작한 것을 결국 하고야 만다. 시간이 얼마나 걸리는가 하는 것보다는 끝까지 해내는 것이 더 중요하다. 그것이 나의 생각이다.

이제 우리도 '포기'라는 단어 대신 '끈기'라는 단어를 가슴에 새기고 살아 봅시다. 아무리 못났어도 끈기 하나만 있으면 성공할 수 있습니다. 아무리 가진 것 없어도 끈기 하나만 있으면 됩니다. 아무리 배운 것이 없어도 끈기 하나만 있으면 성공할 수 있습니다. 다른 건 다 포기해도 '끈기'만큼은 절대로 포기하지 않는 겁니다.

4장

리里
- 이상이 현실이 되는 삶

리듬을 탑니다

　농촌이나 뱃사람들은 일을 할 때 '노동요'를 부릅니다. 여러 가지 이유가 있겠지만, 힘든 일을 좀 더 쉽게 하기 위해서입니다. 노동요를 부르는 이유는 리듬을 타기 위해서입니다. 리듬을 타게 되면 일이 훨씬 쉬워집니다. 특히나 반복적인 일을 할 때 리듬감은 중요합니다. 리듬을 타게 되면 똑같은 일도 재미있게 할 수 있습니다.

　저는 과거에 병아리 감별사였습니다. 병아리를 암수로 구분하는 일을 하는 직업입니다. 하루에 보통 10,000수 정도 감별을 해야 하는데, 능숙한 사람이라야 한 시간에 1,000수 정도 던집니다. 즉, 10시간 정도 자리에 앉아서 전등불 밑에서 병아리를 감별해야 합니다. 경력이 오래되고, 능숙한 다른 감별사들을 보니 다들 뭔가 달랐습니다. 바로 리듬감이었습니다. 그들은 모두 리듬을 타고 있었습니다. 어떤 분은 앞뒤로 머리를 까딱까딱하면서 리듬을 탔고, 또 어떤 분은 좌우로 리듬을 탔고, 어떤 분은 허리로 리듬을, 어떤 분은 어깨로 리듬을 탔고, 다른 분은 다리로 리듬을 탔습니다. 그들은 모두 나름대로 리듬을 타고 있었던 것입니다. 완전 생초보들만 경직된 모습으로 10시간 주구장창 앉아있었던 것이죠.

리듬을 타게 되면 같은 일을 하더라도 보다 쉽게 할 수 있습니다. 재미도 생기게 됩니다. 매일 조금씩 하는 것에도 그대로 적용할 수 있습니다. 리듬감을 타면 더 쉽게 할 수 있습니다. 매일 조금씩 하는 일에 리듬감을 심어줍시다. 그렇다면 이 리듬감을 어떻게 심어줄 수 있을까요? 다시 저의 과거로 돌아가보겠습니다.

저는 각기 사람마다 리듬을 타는 모습을 보고 신기해했습니다. 일단 보는 재미가 있었습니다. '그들은 과연 본인 스스로 리듬을 타고 있는 것을 느끼고 있을까. 의도적인 것일까. 무의식적으로 저런 행동들을 하는 것일까?' 궁금했습니다. 그러다가 어느 날 일을 마치고 저녁을 먹을 때 제일 고참 감별사에게 여쭈어 보았습니다.

"선생님께서는 감별을 할 때 좌우로 왔다 갔다 하시는데, 그거 아세요?"

"그럼, 알지."

"그거 왜 그렇게 하시는 거예요?"

"그래야 감별이 편해. 허리도 안 아프고, 목도 안 아프고."

"근데 좌우로 살짝살짝 움직이는 게 더 편하세요? 다른 분들은 좀 다르게 움직이시던데요?"

"그건 사람마다 다르지. 그리고 그게 의도적으로 한다고 해서 되는 것도 아니야. 그냥 하다보면 저절로 생겨."

바로 그거였습니다. 의도적으로 하는 것이 아닙니다. 하다보면 저절로 생기는 것이죠. 무수하게 반복을 하다보면 저절로 리듬이 생기게 됩니다. 몸이 알아서 편리한 쪽으로 개발되는 것입니다.

우리도 매일 조금씩 뭔가를 하다보면, 저절로 리듬을 타게 됩니다. 그 리듬대로 결국 매일 저절로 몸이 움직여지는 것입니다. 완전한 습관화가 되면 저절로 리듬을 타는 자신을 볼 수 있게 됩니다. 왠지 안 하면 찌뿌둥하고, 하고나서 상쾌한 기분이 들면 리듬을 타고 있다는 증거입니다. 매일 반복적으로 하는 일을 하지 않으면 허전해집니다. 뭔가 허전해서 왜 그럴까 생각해보면, 매일 하기로 했던 것을 안 하고 있을 때 그런 느낌이 생깁니다. 본인 스스로 리듬을 타고 있는지 확인해 봅시다. 리듬만 타게 되면 저절로 매일 조금씩 하게 됩니다.

나쁜 습관을 버립니다

제가 어릴 적에는 중국 쿵푸 영화가 인기였습니다. 비디오대여점에 가면 쿵푸 영화가 주종을 이루었죠. 그 당시에는 쿵푸라고 발음하지도 않았습니다. '쿵후'라고 말했습니다.

그중 군계일학은 단연 성룡이었습니다. 지금은 제목이 기억나지 않는데, 그 당시 성룡이 나왔던 쿵푸 영화의 한 장면이 생각이 납니다. 성룡은 아버지의 원수를 갚기 위해 무술 수련을 합니다. 그리고 매일같이 심어놓은 나무를 뛰어 넘었습니다. 오늘도 뛰어넘고, 내일도 뛰어넘고, 모래도... 계속해서 뛰어넘었습니다. 그 장면을 영화에서 계속 보여줍니다. 그러다가 시간이 흘러 나무가 많이 자랐습니다. 그래도 성룡은 계속해서 그 나무를 뛰어넘습니다. 또 시간이 흘러 나무가 성룡의 키를 넘게 자랐습니다. 그래도 성룡은 그 나무를 뛰어넘습니다. 즉, 매일 같이 하다보니 나무가 자라면서 성룡의 점프 실력도 늘었다는 것을 보여주는 장면이었습니다.

하루에 한두 번 나무를 뛰어넘는 것은 어렵지 않습니다. 하지만 그걸 매일 뛰어넘다보면 나무가 자라는 만큼 뛰어넘는 실력도 늘게 됩니다. 자신도 모르게 그냥 뛰어넘게 되는 것이죠. 실력은 이렇게 기르는 것입니다. 시간의 편에 서서 매일 같은 일을 반복하다보면 실력은 늘게 되어있습니다. 매일 같이 기타를 연주하면 기타의 달인이 되는 것이고, 매일 영어공부를 하면 영어의 도사가 되는 것입니다. 매일 글을 쓰면 글쓰기 실력이 점점 늘고, 매일 독서를 하면 독서 실력도 늘지만 지식과 지혜도 생기는 법입니다.

성룡이 나무를 매일 뛰어넘듯이 우리도 뭔가를 매일 뛰어넘어야 하지 않겠습니까. 매일 뛰어넘는 것이 있습니까? 이쯤 되면 스스로에게 질문을 던져봐야 합니다. '나는 매일 무엇을 뛰어넘는가. 매일 고정적으로 반복하고 있는 것이 무엇인가. 아무것도 없는가 있는가. 매일 하는 것이 없다면, 3일에 한 번씩이라도 하는 것은 있는가. 그것마저도 없다면 일주일에 한 번씩 하고 있는 것은 있는가?' 살펴봅시다.

거의 대부분의 사람들이 매일 하고 있는 것이 있습니다. 매일 TV를 보고, 매일 인터넷을 하고, 매일 게임을 하고, 매일 밥을 먹고, 매일 잠을 자고, 매일 휴식을 취하고, 매일 일을 하고, 매일 똥을 쌉니다. 이렇게 우리는 매일 하는 것들이 분명히 존재하는데, 그것들이 과연 가치가 있는지 따져봅시다. 잠자는 것은 유익한 반복입니다. 면역 증강, 충전의 가치가 있습니다. 밥을 먹는 것도 마찬가지이고, 휴식도 좋습니다.

그러나 방송쪽으로 자신의 꿈을 두지 않는 상황에서 매일 TV를 보는 것은 바람직한 일인지 고민해봐야 합니다. 게임쪽으로 꿈이 없는데 게임으로 매일 시간을 보내고 있는 것은 아닌지 생각해봅시다. 매일 담배 피우고, 매일 술 마시는 일에 자신에게 어떤 득이 될지 생각해봅시다. 매일 조금씩 하다보면 나중에는 커다란 눈덩이처럼 불어나게 되는데, 좋은 걸 해야지 나쁜 걸 하면 어찌 될지 결과는 뻔합니다.

매일 조금씩 하는 힘의 무서움을 깨닫게 되면, 절대로 나쁜 습관을 계속할 수 없게 됩니다. 매일 조금씩 하찮게 생각하는 것들이 시간이 지나면 엄청나게 커져서 나타나는 걸 알기 때문이죠. 가치 있는 일을 반복해도 모자라는 판에 내 삶에 해가 되는 일을 매일 조금씩 할 필요가 있겠습니까.

노자는 《도덕경》에서 위도일손(爲道日損)을 말했습니다. 도를 이루기 위해서는 매일 버려야 한다는 뜻입니다. 버려야 채울 수 있습니다.

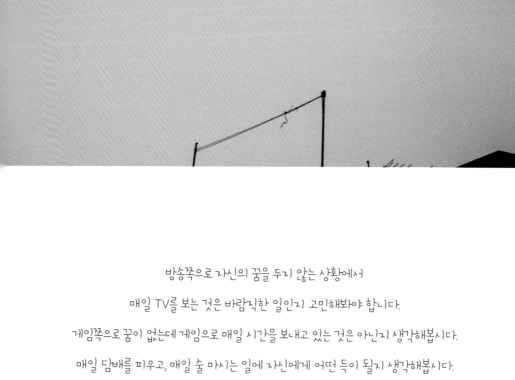

방송쪽으로 자신의 꿈을 두지 않는 상황에서

매일 TV를 보는 것은 바람직한 일인지 고민해봐야 합니다.

게임쪽으로 꿈이 없는데 게임으로 매일 시간을 보내고 있는 것은 아닌지 생각해봅시다.

매일 담배를 피우고, 매일 술 마시는 일에 자신에게 어떤 득이 될지 생각해봅시다.

매일 조금씩 하다보면 나중에는 커다란 눈덩이처럼 불어나게 되는데,

좋은 걸 해야지 나쁜 걸 하면 어찌 될지 결과는 뻔합니다.

목표를 세웠으면 곧 잊습니다

검도 1단의 목표가 생겨서 학원에 등록을 했다면 검도 1단의 목표는 잊어야 합니다. 대신 어떻게 하면 학원을 빼먹지 않고 꾸준히 다닐 수 있을까에만 집중하면 됩니다. 영어 마스터의 목표가 생겼어도 마찬가지입니다. 영어 마스터의 목표는 잊고 어떻게 하면 매일 꾸준히 영어를 공부할 수 있을지에 대해 고민하면 됩니다. 목표를 한 번 정했으면 그걸로 끝입니다. 목표를 달성하는 모습을 매일 상상하면 100% 조급한 마음만 생기지, 전혀 도움되지 않습니다.

어떤 사람들은 꿈을 이룬 모습을 상상하면 동기부여가 되어 더 가열차게 노력할 수 있다고 하지만, 제 경험상 조급한 마음만 앞설 뿐 득 되는 것은 아무것도 없었습니다. 많이 상상한 꿈일수록 거의 다 중도에 포기했습니다.

가수 겸 영화배우는 윌 스미스의 얘기를 들어보겠습니다.

윌 스미스의 아버지는 윌 스미스와 그의 동생 해리에게 높이 4미터 너비 4미터의 벽돌담을 쌓으라고 명령했습니다. 어린 윌과 해리는 6개월 동안 벽돌을 쌓아 결국 담을 만들었습니다. 이 당시 일을 가지고 윌 스미스는 다음과 같이 이야기 합니다.

"한 번에 한 장씩 벽돌을 쌓으면 결국에는 벽이 됩니다. 벽을 피해 갈 수는 없죠. 그래서 나는 벽에 대해서는 크게 걱정하지 않습니다. 벽돌을 쌓는 데만 집중하죠. 그러면 벽은 알아서 만들어지거든요."

《마시멜로 두 번째 이야기》 호아킴 데 포사다, 엘렌 싱어. 한국경제신문사

실행에 집중하면 목표는 자동적으로 이루어집니다. 윌 스미스의 말마따나 피해 갈 수 없습니다.

1000쪽짜리 두꺼운 책을 읽는 것도 마찬가지입니다. 매일 5장씩 읽기로 계획을 잡고 한 권을 독파하겠다는 목표가 생겼으면, 그냥 매일 5장씩만 읽어주면 됩니다. 절대 피해 갈 수 없습니다. 계속 읽다보면 완독하게 되어 있습니다. 우리가 목표를 끝까지 할 수 없는 이유는 많을 텐데, 그중 하나는 자꾸만 초심을 잃기 때문입니다. 그렇게

하기로 계획을 했으면 그냥 하면 되는데, 자꾸 핑계거리를 만들어내고, 자기 합리화를 하려고 듭니다. 계획을 무리하게 세우면 이런 양상이 더 두드러집니다.

계획을 무리하게 세우는 이유는 조급하기 때문입니다. 뭐든 빨리 빨리 이루어야 되는 성미 때문입니다. 그런데 그렇게 서둘러서 뭐 하겠습니까. 서둘다보면 서둘러 죽는 수밖에 없습니다.

목표를 세우고 계획대로 해나가는데 자꾸 목표가 생각난다면 욕심을 부리고 있다고 생각하면 됩니다. 욕심이 생기면 '아, 이제 며칠 안으로 내가 중도 포기하겠구나'라고 생각하면 딱 맞습니다. 목표는 잊어버립시다. 자꾸 머리에 떠오르면 계속 잊으려고 노력합시다. 그리고 대신 어떻게 하면 매일 계획을 실천할 수 있을까 고민해봅시다. 목표는 처음에만 생각하는 것이고, 매일 생각할 것은 계획의 실행입니다.

매일 조금씩 하다보면
재미가 생깁니다

처음에 할 때는 좀 지루한 것도 계속 조금씩 하다보면 재미가 생기게 됩니다. 저의 경우도 국민학교(지금은 초등학교) 때 배우다 만 주산을 다시 독학하고 있습니다.

주산을 다시 시작한 이유는 암산을 잘하고 싶어서입니다. 1984년생이면 현재 몇 살인지 단박에 계산이 되지 않기에 이 정도만 암산으로 하고 싶어서 주산을 다시 시작하게 됐습니다. 그렇게 시작한 주산이 처음에는 별로 재미없었습니다. 지겨운 면이 없지 않았습니다.

그래서 저는 하루에 한 5분 정도만 했습니다. 그렇게 한 달 정도 지나니까 이상하게 주산이 재미있어졌습니다. 그렇게 지겨웠던 것에서 재미를 찾게 되었습니다. 매일 조금씩 하다보면, 재미가 붙게 됩니다. 5분이 아니라 10분, 20분 더 하고 싶어집니다. 그러나 저는 두 배 이상은 하지 않습니다. 즉, 처음에 5분 했으므로 10분 이상은 하지 않습니다. 재미있다고 10분 이상 하다보면, 다시 지겨움이 찾아오기 때문입니다. 지겨워지면 또 하기 싫어집니다. 그렇기 때문에 매일 조금씩만 해야 합니다.

될 수 있는 한 매일 할 수 있도록 노력해야 합니다. 단 1분도 좋고, 단 1초도 좋습니다. 매일 한다는 마음가짐이 중요합니다. 정말 지겨워서 혹은 정말 시간이 없어서 못 할 것 같은 날이라도 1초라도 건드리는 것이 중요합니다.

제가 소설《태백산맥》을 필사를 할 때, 정말 지겹거나 바쁜 날은 '한 글자'만 적은 날이 많았습니다. 원래 원칙은 2장을 필사하는 것이었는데, 단 한 글자만이라도 썼던 것입니다. 이렇게라도 매일 건들다 보면 습관으로 굳혀집니다. 습관이 되면 계속하게 되고, 계속하면 결국 이루게 됩니다. 안 해서 못 하는 거지, 하면 되더군요.

저는 꼭 해야할 일은 반드시 하는 고지식한 사람들을 보면 무섭습니다. 건널목을 건널 때는 횡단보도에서 푸른 신호등에 건너야 한다고 끝까지 고집부리는 사람들도 무섭습니다. 이런 사람들이 '매일 조금씩'이라는 걸 장착한다면, 게임은 끝나게 됩니다. 이런 사람들이 성공합니다.

습관이 되면 계속하게 되고,

계속하면 결국 이루게 됩니다.

안 해서 못 하는거지, 하면 되더군요.

매일 하다보면
상승기류를 타게 됩니다

제 인생 마흔을 뒤돌아보면 상승기류를 타던 시기가 있었던 것 같습니다. 물론 상승기류뿐만 아니라 하강기류도 타게 됩니다. 제가 상승기류를 타던 시기는 중학교 때라고 봅니다. 그 당시를 왜 상승기류를 타는 시기라고 보는가 하면, 뭐를 해도 다 잘되는 시기였습니다. 공부면 공부, 운동이면 운동, 얼굴이면 얼굴(?), 뭘 배워도 곤잘 했고, 그냥 뭐든 하면 다 되는 시기였습니다. 세상을 다 가질 수 있을 것 같은 자신감으로 꽉 차 있었기 때문에 저는 이 시절을 상승기류의 시절이었다고 봅니다.

왜 그랬을까요? 그 당시 저는 인생을 매우 열심히 살았던 것 같습니다. 공부도 열심히 했고, 목표의식도 있었던 것 같습니다. 단순하게 말하면 매일 저를 위한 삶을 살았습니다. 모든 일에 있어서 매우 잘 풀리다보니, 저는 거만해지기 시작했습니다. 세상이 우습게 보이기 시작했고, 세상 사는 것도 별것 아니란 생각이 들었습니다. 인생에 대한 회의가 너무도 빨리 찾아왔습니다. 그러면서 저를 위해 살지 않았습니다.

그러다보니 상승기류는 한풀 꺾였고 끊임없이 추락하게 되었습니다. 암흑 같은 고등학교, 칠흑 같은 대학교 시절을 보냈습니다. 그냥 숨이 붙어 있어서 사는 거지 통 사는 재미가 없었습니다. 계속 하강기류 속에 저를 내맡겼습니다.

결혼 후 정신을 차리고부터는 조금씩 달라지기 시작했습니다. 저는 매일 조금씩 책을 읽기 시작했고, 글을 쓰기 시작했습니다. 그러다보니 조금씩 이상 기류가 느껴졌습니다. 기분 좋은 느낌이었습니다. 중학생 시절 뭐든 하면 되던 그때의 그 느낌이었습니다. 다시 상승기류가 서서히 흐르는 것을 직감적으로 느낄 수 있었습니다. 이 상승기류를 타게 되면 뭘 해도 다 잘되게 됩니다. 공부면 공부, 운동이면 운동, 일이면 일, 뭐든 다 잘됩니다. 그 기류를 다시 만나게 된 것이죠.

하강기류를 타다가 상승기류를 타게 되는 것은 어찌보면 사람의 운세일지도 모릅니다. 운세가 그때 트이니까 잘 풀리는 것이고, 안 트이니까 뭘 해도 안되는 시기라고 점쟁이들은 말할지 모르겠습니다.

하지만 저는 저만의 느낌을 믿습니다. 제가 삶을 소중히 여기고 진지하게 살아가기 때문에 상승기류를 탈 수 있다고 봅니다. 아무리 상승기류를 탄다고 해도 인생을 막 살게 되면 곧바로 하강기류로 바뀌게 됩니다. 하지만 '매일 조금씩' 뭔가를 준비하면서 살게 되면 비록 하강기류를 만나게 되었더라도 잘 뚫고 지나갈 수 있는 힘이 생깁니다.

매일 조금씩 하다보면 소위 '내공'이라는 것이 생겨납니다. 이것은 '끈기'라고도 부를 수 있고, '인내'라고도 부를 수 있습니다. 이 끈끈함이 몸에 장착되면 시절의 흔들림에 굴하지 않게 되는 힘이 생깁니다. 끝까지 버티는 힘, 끝까지 해내는 힘, 절대 포기하지 않는 힘이 생기게 됩니다. 좋은 시절은 그냥 즐기게 되고, 나쁜 시절이라고 해도 매일 조금씩 하면서 내공을 만들어 냅니다. 가진 것 없는 사람들에게도 신은 선물을 주셨습니다. 매일 조금씩 할 수 있는 힘이 그것입니다.

마음을 다스립니다

붓다는 도를 이루기 위해서는 마음을 조이지도 느슨하게 하지도 말라고 했습니다. 도를 이루는 것과 우리가 목표를 이루는 방법은 같습니다. 수행을 하는 것도 우리가 매일 연습하는 것과 같은 것입니다. 우리의 목표를 이루기 위해서는 도를 이루는 것과 같이 마음을 조이지도 느슨하게 하지도 않아야 됩니다. 마음이 느슨해지면 목표는 멀어집니다. 여기서 '느슨'이라는 것은 중도 포기와 뜻이 같습니다.

　매일 조금씩 하는 것은 느슨한 것이 아닙니다. 매일 조금씩의 개념은 조이지도 느슨하지도 않은 딱 적당한 중도의 개념입니다. 마음을 조이는 것은 조급한 마음, 서두르는 마음을 나타냅니다. 당연히 안 될 말이죠. 느슨하지도 조이지도 않는 마음으로 도를 이루는 것처럼 우리의 목표를 그런 마음으로 이루어나가면 됩니다. 방법은 매일 조금씩입니다.

그런데 만약 매일 조금씩 성실하게 수십 년간을 해왔는데도 목표를 이루지 못했다면 어떡하죠? 미리 고민해볼 필요도 있습니다. 목표를 이루기 위해 노력했는데, 이루지 못했다면 실패한 인생인가요? 영어를 마스터하기 위해 매일 조금씩 영어공부를 했는데, 죽는 순간까지 영어를 터득하지 못했다면 이 사람은 대체 뭘 한 사람일까요? 허송세월한 사람일까요? 이 사람은 과연 아무것도 하지 않다가 죽은 사람과 어떤 차이가 있는 걸까요? 매일 컴퓨터 게임으로 밤샘하다가 죽은 사람과 어떤 차이가 있는가 말입니다.

설령 목표가 이루어지지 않더라도 매일 조금씩 하게 되면 재미가 생겨납니다. 즉, 과정을 사랑하게 됩니다. 결과가 물론 중요하지만, 과정을 즐길 수 없으면 그 결과가 마냥 달콤할 수만은 없는 것입니다.

결과에만 집착하게 되면, 과정을 우습게 보게 됩니다. 극단적으로 말하면 바로 이런 사람들이 소시오패스(sociopath)입니다. 자신의 성공을 위해서 수단과 방법을 가리지 않고 나쁜 짓을 저지르며 양심의 가책을 전혀 느끼지 않는 사람들을 말합니다. 결과지향주의가 낳은 병폐입니다. 결과에 집착하지 말라는 말은, 목표를 한 번만 생각하고 어떻게 오늘 할당량을 채울 것인지 고민하고 하는 말과 상통합니다. 목표지향적, 결과지향적이 되어서는 결코 사는 재미를 느끼지 못하게 됩니다. 결과는 점(點)이고, 과정은 선(線)입니다. 과정은 선처럼 길지만, 결과는 점과 같습니다. 점을 위해 살 것입니까? 선을 즐길 것입니까?

결과는 점이고, 과정은 선입니다.

과정은 선처럼 길지만, 결과는 점과 같습니다.

점을 위해 살 것입니까? 선을 즐길 것입니까?

시간이 없을 땐
잡욕을 버립시다

이제 매일 조금씩 뭔가를 하고 싶어졌는데 막상 하려고 하니까 시간이 통 나질 않는 겁니다. 아무리 시간을 쥐어짜도 안 나옵니다. 지하철에서는 이미 다른 일을 하고 있고, 밥 먹기 전에도 이미 다른 일을 하고 있으며, 잠자기 전에도 이미 다른 일들로 꽉 차 있다면 진짜 시간이 없는 것입니다. 이럴 때는 어떻게 해야 할까요?

시간을 만들어야 합니다. 시간을 만드는 방법 중에 하나는 잡욕을 버리는 것입니다. 잡욕은 잡다한 욕심입니다. 잡다한 욕심은 쓸데없는 욕심으로 나쁜 습관이라고도 볼 수 있습니다. 쉬운 예를 들어보면 담배 피우기, TV 보기, 컴퓨터 게임하기 등입니다. 담배를 피우는 시간만 이용해도 꽤 괜찮은 시간 확보를 할 수 있습니다. 담배를 한 대

피우는 시간은 약 3분 정도입니다. 하루에 담배 한 갑을 피우는 사람이면 60분의 시간이 생깁니다. 즉, 담배를 피우지 말고 담배 피울 시간을 이용하면 됩니다. 한 발 양보해서, 담배를 피우면서 다른 일을 하는 것을 감안하면 약 30분 정도는 그냥 남는 시간이라고 보면 됩니다.

매일 30분! 이는 엄청난 시간입니다. 제가 계속 강조하고 있는 '매일 조금씩'이란 말에서 조금씩은 5분에서 10분밖에 되지 않는 시간입니다. 그에 비해 30분이면 어마어마한 시간인 것이죠. 담배를 끊게 되면 30분이라는 시간도 확보할 수 있고, 돈도 절약할 수 있고, 건강도 찾을 수 있습니다.

'시간은 금이다'라는 명언이 있습니다. 그러나 저는 다르게 생각합니다. 시간은 금보다 100배는 더 값어치가 있습니다. 시간보다 더 값어치 있는 것은 없다고 봅니다. 잃어버린 금은 다시 찾으면 되지만, 시간은 다시 찾을 수가 없기 때문입니다. 시간은 한번 흘러가면 그걸로 끝이 납니다. 잡을 수가 없습니다. 저금할 수 없고, 비축할 수 없고, 저장할 수 없습니다. 구멍 뚫린 바가지에서 계속 새는 물과 같습니다. 그래서 시간은 정말 소중한 것입니다. 이 흘러가는 시간을 잡을 수 있는 유일한 방법은 가치 있는 일을 하는 것입니다. 그나마 마음의 위안은 되기 때문입니다.

이렇게 아까운 시간에 가치 있는 일을 못할 망정, 잡욕을 부린다든지, 나쁜 습관으로 시간을 허비하고 있다면 얼마나 멍청한 일이겠습니까? 그걸 알면서도 하는 것은 얼마나 더 멍청한 짓인가요? 멍청한 짓이라는 것을 알면서도 고치지 않는다면 그것 또한 얼마나 멍청한 짓인가요? 그렇게 멍청하게 사는 사람은 절대로 자신의 삶을 향유할 수 없습니다. 남의 삶을 돕기는커녕 자신의 삶도 유지하기 힘듭니다.

만약 당신이 오늘 하루 컴퓨터 게임을 신나게 하고서 잠들 때 '휴~ 허망하다. 내일부터는 하지 말아야지'라는 생각이 든다면, 당신은 오늘 하루를 멍청하게 살았다는 뜻입니다. 만약 당신이 자고 일어나서 '휴~ 오늘부터는 꼭 술을 끊어야지'라고 후해한다면, 당신은 어제를 멍청하게 살았다는 뜻입니다.

이제 그런 삶을 끊고 싶다면 자신의 잡욕을 버리는 연습을 해봅니다. 이것도 매일 조금씩 하면 됩니다. 매일 조금씩 줄여보는 겁니다. 오늘은 담배 20개비, 내일은 19개비, 모레는 18개비/ 오늘은 TV 시청 2시간, 내일은 1시간 58분, 모레는 1시간 56분/ 오늘은 스타크래프트 8게임, 내일은 7게임, 모레는 6게임 이런 식으로 매일 조금씩

줄여나가 봅니다. 그렇게 시간을 확보하고 가치 있는 일을 매일 조금
씩 해보는 겁니다.

계획은 가볍게 세웁니다

학창시절 1시간 동안 열심히 공부하자고 다부지게 각오를 하고서 공부에 돌입한지 채 5분을 넘기지 못하고 고개를 숙여 잠을 청한 적 없나요? 혹은 오늘은 꼭 'TO부정사 편'을 끝내겠다 결심하고서 공부를 시작했는데, 20분도 안되서 집중력을 완전히 상실하고 딴짓을 하고 있는 자신을 발견한 적은 없습니까? 왜 없겠습니까. 거의 모든 사람들이 다 경험해봤을 만한 것들입니다.

다부지게 각오를 하면 다부지게 각오만 하는 것으로 끝내는 경우가 왕왕 있습니다. 아니 아주 많죠. 그래서 제가 제안하는 방법은 다부지게 각오를 다지지 말라는 것입니다. 1시간 동안 초집중을 해서 공부해야지, 어디에서 어디까지 꼭 끝내야지라고 각오를 세우지 말고, '5분만 해야지'라고 편한 마음으로 접근해 보는 겁니다.

지금이 8시 30분이니까 35분까지만 수학공부나 해야겠다, 라고 생각하면 딱 좋습니다. 그렇게 5분만 한다는 가벼운 마음으로 시작하게 되면 5분을 넘어서서 30분, 1시간을 하는 경우가 생기게 됩니다. 즉, 가벼운 마음으로 접근을 쉽게 한 뒤에 공부를 하다보니 자신도 모르게 집중력이 생겨서 더 오랜 시간 공부를 할 수 있게 만드는 방법입니다. 1시간, 2시간 시간을 잡고서 공부를 하게 되면 집중력을 오래 끌 수 없습니다. 오히려 시간이 많다는 생각으로 느슨해지기 쉽습니다. 결국 오지게 다진 각오는 그냥 각오로써만 저기 저너머로 흘려보낼 뿐입니다.

시작하는 단계는 손쉬워야 하고 부담이 적어야 합니다. 5분만 운동해야지라고 접근하면 1시간 동안 운동할 수 있는데, 1시간 동안 운동해야지라고 접근하면 1시간이 왜 이렇게 긴지, 1시간 내내 집중할 수 없습니다. 결국 1시간 각오로 5분만 하게 됩니다.

독서도 마찬가지입니다. 1시간 동안 책을 읽어야겠다고 결심하고 독서를 하면 지겨워집니다. 오히려 딱 5분만 독서해야지라고 하면 그 5분이 왜 그리 빨리도 가는지 더 읽고 싶어집니다. 딱 5분이라고 생각하면 5분 동안 집중을 할 수 있게 되고, 그것을 바탕으로 30분, 1

시간도 집중력 있게 할 수 있는 것입니다.

어떤 일이든 시작하는 단계를 손쉽게 만듭시다. 잠이 많은 사람이라면, 매일 새벽 4시에 일어나서 자격증 공부를 해야지라고 결심하지 않습니다. 새벽 4시에 일어나는 것조차 힘겨운데, 무슨 자격증 공부를 할 수 있단 말입니까. 절대로 할 수 없습니다. 그냥 짬짬이 시간을 내서 자격증공부를 하는 것이 실제 더 많은 공부 시간을 확보할 수 있습니다. 손쉽게 하기 위해서는 자격증 책을 항시 가지고 다니면서 틈날 때마다 읽는 것이 더 낫습니다.

처음 접근이 어려워지면 결코 오래 할 수 없습니다. 전철에 타기 전에 공부를 한다는 원칙을 정하든지, 학교나 회사에 도착하면 책을 5분간만 본다는 원칙을 정하는 것이 좋습니다. 어쨌거나 전철을 타야 하고, 학교를 가야 하고, 회사를 가야 하기 때문이죠. 평상시 무조건 할 수밖에 없는 일 앞이나 뒤에 '자신을 위한 시간'을 끼워 넣으란 얘기입니다. 이런 원칙 세우기는 아주 쉽습니다.

예를 더 들어보면, 점심식사를 하고 나서 10분간 공부를 한다. 자기 전 5분간 공부를 한다. 컴퓨터를 사용하기 전에는 꼭 공부를 10분간 하고 컴퓨터를 켠다. 아이스크림을 먹기 전에는 꼭 자격증 책을 읽는다. 이런 식으로 세우면 됩니다.

5분이라고 무시하지 맙시다. 5분 계획이 10분이 되고, 30분, 1시간이 되는 경험을 한번 해보시기 바랍니다.

나쁜 습관으로 시간을 허비하고 있다면 얼마나 멍청한 일이겠습니까?

그걸 알면서도 하는 것은 얼마나 더 멍청한 짓인가요?

멍청한 짓이라는 것을 알면서도 고치지 않는다면

그것 또한 얼마나 멍청한 짓인가요?

분발하지 않습니다

어느 책에선가 읽은 기억이 있는데, 일본 사람들이 주로 하는 말은 '분발하자'라고 합니다. '분발하다'의 사적적 의미는 '마음과 힘을 다하여 떨쳐 일어나다'입니다. 영어로 보면 이렇습니다.

press on[ahead] harder, try harder, give more effort,

'더 열심히 노력하다'라는 뜻입니다. 즉, 분발하자라는 말은 더 열심히 노력하자, 라는 뜻이 됩니다. '분발하자'라고 말하는 게 저에게는 '더욱 더 가열차게 열심히 힘쓰자, 빨리 빨리 서둘러 일하자, 처져 있지 말자, 더 움직이자, 지금까지도 노력을 많이 했지만, 더 하자. 더 더 더 더!'라고 들리는 것 같습니다. 듣기 싫어집니다. 열심히 하는 것으로도 모자라 더 열심히 하자는 소리로 들리니까 듣기 싫어지는 것이죠.

좀 했으면 쉬기도 해야지, 뭘 그리 계속 열심히 노력하자는 것인가요. 짜증이 확 몰려옵니다. 열심히 하고도 뭐가 부족해서 더 열심히 하자고 소리쳐대는지 모르겠습니다. 그렇게 열심히 하면 뭐가 좋을까, 열심히 하다보면 주변도 살피지 않고 앞만 보고 달리지는 않을까, 너무 목표 위주의 삶을 살게 되는 것은 아닐까, 염려됩니다.

노무현 전 대통령은 《고시계》(75년 7월호)에 당시 사법고시 합격수기를 이렇게 남겼습니다.

건강은 절대적 조건임이 두말할 것 없고, 다만 공부로 오는 정신적·육체적 피로보다 초조, 불안 등의 심리적 파탄에서 오는 손실이 훨씬 더 심각하고 장기적인 것이다. '고시 아니면 파멸'이라는 생각이나 출세에 대한 지나친 집착, '최단기', '수석합격' 등의 욕심은 사람을 견딜 수 없이 초조하게 만들었다. 오히려 하나의 직업인이 성실하게 직장에 임하듯 수험 생활에 임했더니 장기에 걸쳐 장소를 옮기지도 않고 공백 기간도 없이 공부할 수 있었다. 또 며칠을 허송했다 하여 갑자기 초조해지고 그를 보상하겠다고 급하게 열을 올리고 무리를 하는 것은 잇달아서 또다시 며칠의 침체와 시간의 낭비를 강요하는 결과가 되기 십상이다. 지나간 시간은 아무리 아까워도 깨끗이 잊는 것이 좋다. 장기전에서 며칠의 허송은 그리 문제되지 않는다. 여하튼 나는 이런 느슨한 자세로 공부했다. 그러나 결코 남보다 노력을 덜하지는 않았다. 보통 10시간은 넘게 공부했고 일단 책상에 앉으면 무서운 집중력을 구사했다.

열심히 하면 끝까지 할 수 없습니다. 조금씩 천천히 해야 끝까지 할 수 있습니다. 남들이 열심히 한다고 따라 해도 끝까지 할 수 없습니다. 각자의 체력이 다르기 때문입니다. 쉬엄쉬엄 해야 합니다. 대신 끊임이 없어야 합니다. 매일 조금씩 하게 되면 끊임없이 쉬엄쉬엄 할 수 있습니다.

열심히 하면 금세 지치게 됩니다. 열심히 했기 때문에 체력에 방전이 생깁니다. 그 방전을 채우려고 휴식시간 또한 길어지게 됩니다. 그러다보니, 다시 열심히 해야 한다는 강박관념이 생겨서 '분발하자'라고 부르짖게 되는 것입니다. 열심히 하고, 푹 오래 쉬고, 또 분발하고를 반복하게 됩니다. 별로 바람직하지 않습니다.

천천히 매일 꾸준히 조금씩 하게 되면 분발할 필요가 없습니다. 그냥 매일 밥 먹는 것처럼, 숨 쉬는 것처럼 어렵지 않게 꾸준히 하기 때문에 부하가 걸리지 않습니다. 열심히 하는 것의 가장 큰 맹점은 부하가 걸린다는 것이죠. 부하가 걸리면 긴 휴식이 필요합니다. 긴 휴식을 하게 되면 흐름이 끊기게 되고, 결국 포기하게 됩니다.

진정한 승리

'나와 같은 나이에 이미 성공을 한 사람들이 있습니다. 또한 나보다 어린데 출세한 친구들도 있습니다. 그렇다면 나는 인생을 헛 산 것인가?' 하는 의문이 듭니다. 현재도 박박 기면서 살고 있다면 인생을 헛 산 것이 되지만, 지금 그래도 뭔가를 위해 꾸준히 하는 삶을 살고 있다면 전혀 위축될 필요가 없습니다. 특히 나와 이름이 똑같은 사람들이 이미 성공을 했고, 나는 그렇지 못할 때는 이상한 기분이 들기도 합니다. 자신의 이름을 네이버 검색창에 치면 동명이인의 유명인이 떠오른다고 자신을 비하하지 말라는 것입니다.

가끔 남과의 비교는 자신을 초라하게 만듭니다. 예전의 한 친구는 싸이월드에 들어가지 않는다고 했습니다. 왜냐고 물어봤더니 싸이에 들어가면 어릴 때 같이 놀던 친구들은 지금 다들 잘나가고 있는데, 그걸 보면 자신이 초래해진다는 것이었습니다.

좋은 회사에 취직해서 자신의 사무실 사진을 걸어놓은 친구들도 있고, 해외 경치 좋은 곳에 가서 찍은 사진을 올려놓은 친구들의 싸이를 다녀오고 나면 자신이 허탈해진다는 거였습니다. 어른들도 마찬가지입니다. 동창 모임에 나가기 싫다고 하는 분들이 많습니다. 다들 떵떵거리고 잘사는 것 같아서 배가 아프기 때문입니다. 그것은 둘째 치고 자신은 뭐했나 싶은 자괴감 때문입니다.

중요한 것은 '나'지 남이 아닙니다. 남과 비교해서는 절대로 이길 수 없습니다. 격투기 왕 효도르도 죽을 때까지 1등을 유지한 것은 아닙니다. 기껏 해야 몇 년 챔피언이었습니다. 남과 비교해서 이기려면 한도 끝도 없습니다. 또 다른 강적이 나오고, 1등이다 싶으면 또 다른 도전자가 치고 올라옵니다. 남과 비교하면 할수록 지는 게임에 빠지는 겁니다. 남과 비교하면 패할 확률이 더 높습니다. 이런 확률 낮은 게임은 할 필요가 없습니다.

비교는 자신과 해야 합니다. 어제의 나와 오늘의 나를 비교하는 겁니다.

'나는 어제보다 잘 살았는가?'

1년 전 나와 지금의 나를 비교하게 되면 이길 확률이 높아집니다. 과거의 나와 오늘의 나를 붙여놓으면 평생 이길 수도 있습니다.

나와 동명이인의 인물이 잘나간다고 자신을 자책할 필요도 없고, 자신의 나이보다 어린 사람이 먼저 출세한다고 슬퍼할 일도 아닙니다. 그냥 축하해주면 됩니다. 이들은 오히려 나의 친구이며 스승이 됩니다. 배울 점은 배우고, 얻을 것을 얻으면 됩니다.

내가 신경 쓰고 경계할 자는 바로 '과거의 나'입니다. 나는 과거의 나와 싸워서 이기기만 하면 됩니다. 나의 라이벌이고, 내가 꼭 넘어서야 할 존재는 바로 '과거의 나'입니다.

과거의 나와 싸워서 이기기만 하면 됩니다.

나의 라이벌이고,

내가 꼭 넘어서야할 존재는 바로

'과거의 나'입니다.

좋은 습관, 나쁜 습관

　좋은 습관을 하나만 가져도 성공한 인생을 꾸려갈 수 있습니다. 귀찮게 여러 개 장착하려고 노력하지 말고, 진짜 괜찮은 거 하나만 장착해도 좋다는 얘기입니다. 지금 자신을 바라봅시다.

　'나에겐 과연 좋은 습관이 하나라도 있는가?'

　독서하는 습관도 괜찮은 습관이고, 일일일선(一日一善) 하는 습관도 좋은 습관이고, 일주일에 두 번씩 운동하는 것도 좋은 습관이라 할 수 있겠습니다. 일기를 써서 하루를 반성하는 것, 실패노트를 작성해서 다시는 실수하지 않도록 노력하는 것, 아내를 매일 아침 꼭 껴안아주는 것, 내일 배울 것을 미리 예습하는 것, 주변을 깨끗이 정리하는 것, 밥을 남기지 않고 깨끗이 먹는 것, 식목일이면 어김없이 나무를 심는 것, 때를 정해 친인척에게 전화를 걸어 안부를 묻는 것, 나보다 못한 사람들을 위해 봉사를 다니는 것, 교회를 가는 것, 절을 가는 것, 회개하는 것, 아이에게 매일 사랑한다고 말해 주는 것, 아파트 경비아저씨를 보면 경쾌하게 인사를 건네는 것, 앞에 할머니가 무거운 짐을 들고 가는 것을 보고 도와주는 것, 길에 버려진 휴지를 줍는 것 이런 것들이 좋은 습관입니다.

그런데 가만히 따지고 보면 몸에 장착된 좋은 습관은 별로 없는 것 같습니다. 쥐어짜야 몇 가지 겨우 나올 뿐입니다. 그에 반해 나쁜 습관은 얼마나 많은가요? 종이 한 장이 모자랄 판입니다.

담배 피우는 습관, 집에 돌아오면 TV로 시간을 죽이는 습관, 컴퓨터게임으로 밤새는 습관, 늦게 자는 습관, 늦게 자니까 출출해서 라면 하나는 꼭 먹고 자는 습관, 늦잠 자는 습관, 거짓말하는 습관, 시치미 떼는 습관, 모함하는 습관, 뒷담화 하는 습관, 욕하는 습관, 남에게 상처주는 말하는 습관, 남이 괴로워하는 것을 보면서 즐기는 습관, 남이 잘못되면 웃는 습관, 사기 치는 습관 등이 그렇습니다.

적어도 5 : 5 정도만 되도 괜찮을 터인데, 좋은 습관 : 나쁜 습관 = 1 : 9의 양상을 보입니다. 현실적으로 분석하고 보니까 이럴진대, 무슨 성공을 바라고 무슨 행복을 바랄 수 있겠습니까. 현실이 이런데도 그걸 바라는 것은 양심이 없는 것이죠. 적어도 5 : 5는 만들어야 됩니다.

　방법은 딱 두 가지입니다. 좋은 습관을 늘리는 방법이 하나요, 다른 하나는 나쁜 습관을 없애는 겁니다. 좋은 습관 늘리기는 매일 조금씩 하면 저절로 장착될 것이고, 나쁜 습관 없애기도 매일 조금씩 하면 됩니다.

　그런데 이보다 더 좋은 방법은 나쁜 습관을 자동 소멸시키는 목표를 세우면 됩니다. 예를 들어, '나는 100살까지 건강하게 살 것이다'라는 목표를 세우게 되면, 다 해결이 됩니다.

　술을 끊던지 조금만 마셔야 될 것이고, 금연을 해야 할 것이고, 운동을 해야 할 것이고, 체중 조절을 해야 할 것이고, 건강한 생각을 해야 할 것이고, 기타 여러 가지를 해야 할 것입니다. 그러다보면 좋은 습관은 장착되고, 나쁜 습관은 저절로 없어지게 되니 얼마나 기쁜 일인가요.

　삶의 목표도 이와 같습니다. '검사가 될 것이다'라고 결심하지 말고, '건강하고 정의로운 사회를 만들고 싶다'는 목표를 세우게 되면 검사는 목표 안에 자동적으로 들어오게 되며, 보다 큰 인물이 될 수 있는 것입니다. 설사 검사가 못 되더라도 검사보다 더 큰일을 하는 사람이 될 수도 있습니다. 그러므로 목표를 직업, 직함에 국한해서 잡지 말아야 합니다.

이직 준비,
노후 준비

'사람은 반복적으로 행하는 것에 따라 판명되는 존재다'라고 위대한 철학자 아리스토텔레스는 말했습니다. 매일 세무서에 출근하는 사람이면 세무공무원일테고, 매일 사진을 찍는 사람이라면 사진작가일 공산이 큽니다. 사람의 정체성은 그가 매일 무엇을 하는가에 달려 있습니다. '나는 매일 무엇을 반복적으로 행하면서 살고 있는지' 자문해봅니다.

그런데 이 반복이라는 것이 꼭 하나일 필요는 없습니다. 하나만 해서는 재미가 없습니다. 다양할수록 다채로운 인생을 살 수 있습니다. 어거지로 세무서에 다니든, 자발적으로 사진을 찍든 간에 우리는 매일 여러 가지를 반복적으로 할 수 있는 존재입니다. 밥벌이를 위해서 어쩔 수 없이 매일 회사에 다니는 직장인 A씨가 있다고 칩시다. A는 매일 건설회사에 출근하고 있습니다. 그런데 건설쪽 일이 마음에 들지 않고 적성에도 맞지 않습니다. 할 수만 있다면 그만두고 싶지만, 생계를 위해서는 어쩔 수 없습니다. 이럴 때 이 A씨의 정체성은 무얼까요? 건설회사 직원입니다. 하기 싫든 좋든 매일 반복하는 일이 그 사람의 정체성을 말해주기 때문입니다.

그런데 이 A씨는 취미로 사진을 찍습니다. 매일 조금씩 자신의 시간을 확보하고 사진을 찍습니다. 이 사진 찍는 시간이 A씨에게는 너무 행복한 시간입니다. 사진으로 생계를 했으면 싶은 마음이 큽니다. 이럴 때 A씨의 정체성은 뭘까요? 사진작가입니다.

즉, A씨는 건설 회사 직원이면서 사진작가인 것입니다. 만약 A씨가 사진을 포기하지 않고 계속 그의 취미를 살려나간다면 나중에 정말 사진으로 생계를 해결할 수 있게 되고, 다니기 싫은 건설회사를 그만둘 수도 있습니다. 이렇듯 매일 조금씩 자신의 취미를 하다보면 그것으로 생계를 해결할 수도 있게 됩니다.

다른 분야로 이직하기 위해서는 철저한 준비가 필요합니다. 무턱대고 기분에 젖어 이직을 하다간 낭패를 당하게 됩니다. 매일 조금씩 준비하지 않으면 이직에 성공할 수 없습니다. 더군다나 완전 다른 분야로의 이직은 더욱 노력이 필요합니다. 그간의 경력도 인정되지 않고, 완전 신입으로 시작해야 하기에 부담감이 더욱 커집니다. 이런 부담감을 줄이기 위해서 매일 조금씩 준비하는 것은 괜찮은 방법입니다.

또한 이제는 100세 시대입니다. 이직을 준비하는 것만큼 제2의 인생을 준비하는 것도 필요합니다. 예전에는 60세가 되면 환갑이다 해서 잔치를 벌였지만, 요즘은 70세가 되어도 잔치를 하는 경우가 드뭅니다. 다들 오래 살기 때문이죠.

보통 회사의 정년이 60세인데(앞으로는 더 늘어날 것이지만) 정년이 지나고 나서는 무엇을 할 것인지 고민해봐야 합니다. 100살까지는 목숨이 붙어있는데, 남은 30~40년 뭐하면서 살아야 될지 미리 준비해야 하는 것입니다. 차라리 일찍 죽었던 시절이면 이런 고민도 없었을 텐데, 의학의 발달로 목숨이 늘어나서 고민거리가 하나 더 생긴 셈입니다.

나중에 닥쳐서 준비하면 늦습니다. 지금부터 매일 조금씩 준비해야 합니다. 지금부터 10년, 20년 준비해서 60세에 멋지게 등단할 수도 있고, 작곡가가 될 수도 있고, 사장님이 될 수도 있습니다.

사람의 정체성은 그가 매일 무엇을 하는가에 달려 있습니다.

'나는 매일 무엇을 반복적으로 행하면서 살고 있는지' 자문해봅니다.

남의 좋은 습관을
빨아들입니다

　살다보면 부러운 사람들이 있습니다. A는 기타를 멋지게 잘 쳐서 뭇 여심(女心)을 한 몸에 받습니다. B는 영어를 잘해서 사장이 외국을 나갈 때면 으레 그를 대동합니다. C는 축구를 잘해서 반 대표로 항상 나갑니다. 이들이 부럽습니다. 하지만 일단 동시에 다 빨아들일 수 없으니, 이중 가장 마음에 드는 것을 하나 고릅니다. 만약 C가 제일 부럽다면 C를 관찰합니다. 그가 어떤 습관이 있는지, 매일 조금씩 무엇을 하는지, 규칙적으로 어떤 일을 하는지 관찰해보고, 물어도 봅니다.

　성공하고 싶으면 성공하는 사람이 하는 그대로 따라 하면 됩니다. 부러운 사람이 있으면 그 사람이 어떻게 해서 그런 모습을 갖추게 되었는지 물어봐서 그걸 그대로 따라하면 됩니다. 축구를 잘하는 C는 어릴 적부터 매일 한 시간씩 축구 연습을 했다고 하는 말을 들었으면, 나도 그렇게 하면 됩니다. 부러워만 하지 말고, 그가 했던 것을 그대로 모방해 보는 겁니다. 남들이 가진 좋은 습관을 하나하나 자신의 것으로 만들어나가는 재미가 쏠쏠합니다. 이렇게 남의 습관을 모방해가다보면 A의 장점, B의 장점, C의 장점을 고르게 나의 것으로 만들 수 있게 됩니다. 얼마나 멋진 일입니까. 주변에 부러운 사람이 있으면 그에게 물어서라도 그 비결을 알아냅니다. 그리고 그대로 흉내냅니다.

빌 게이츠도 남의 습관을 자신의 것으로 만들었다고 합니다. 우리도 할 수 있습니다. 빌 게이츠만큼 안 해도 좋습니다. 그의 1/10만 해도 성공을 거둘 수 있을 것입니다.

사실 물어보는 게 제일 빠른 방법인데, 성격이 소심하거나 그 사람이 제대로 된 답변을 줄 것 같지 않다면 그냥 묻지 말고 본인 스스로 해나가도 됩니다. 요즘은 정보화 시대기 때문에 인터넷만 몇 시간 뒤지면 좋은 정보를 많이 건질 수 있습니다. 기타를 잘 치고 싶으면 검색창에 '기타를 잘 치는 방법', '기타 배우기', '기타를 잘 치려면' 같은 검색어를 쳐 넣으면 됩니다. 거기서 얻은 여러 가지 정보를 자신에 맞게 섞어서 매일 조금씩만 해주면 됩니다. 그렇게 하다보면 나중에는 기타를 매우 잘 치게 될 테고, 많은 여성들의 관심을 한 몸에 받을 수 있게 될 것입니다.

'부러우면 지는 거다'라는 유행어가 있습니다. 단지 부러워만 하면 지는 겁니다. 하지만 부러움을 넘어 행동으로 옮기게 되면 이기는 겁니다. 빌 게이츠처럼 남들의 좋은 습관을 스펀지처럼 빨아들인 다음에 행동으로 하나씩 옮겨간다면 언젠가는 다른 사람들이 나를 부러워하는 날이 오게 될 것입니다.

A4로 꿈을 찾는 방법

A4 두 장을 준비합니다. 한 장에는 자신의 단점을 쓰고, 다른 한 장에는 장점을 씁니다. 많이 쓸수록 좋습니다. 적어도 10개 이상은 써야 합니다. 단어로 써도 되고 문장으로 써도 됩니다. 우선순위를 두어 순번을 매겨도 되고, 그렇게 하지 않아도 됩니다. 일단 생각나는 대로 무조건 써야 합니다. 한참 쓰다보면 아마 이상한 것을 발견하게 될 것입니다. 단점을 쓸 때는 무진장 쉬운데, 장점을 쓰자니 별로 쓸 내용이 없다는 것을요. 그래도 어쨌거나 머리를 짜내서 적어도 10개는 채워 봅니다.

단점 10개를 적었으면 우선순위별로 다시 배열해 봅니다.

1. 늦잠 자기

2. 작심삼일

3. 시시각각 자주 변하는 마음

…

장점 10개도 우선순위별로 재배열해 봅니다.

1. 기억력이 좋다

2. 암산을 잘한다.

3. 축구를 잘한다.

…

이렇게 단점과 장점을 썼으면 단점에서 1순위는 반드시 나에게 제거한다는 목표를 세웁니다. 장점을 발전시키기보다 일단 단점 하나를 제거하는 것에서부터 시작합니다. 위의 예를 보면 '1. 늦잠 자기'가 1순위입니다. 꿈을 찾고 이루기 위해서는 자신의 가장 큰 단점 하나를 제거합니다.

그리고 장점 리스트를 꺼내 1순위를 더욱 세분화시킵니다. '1. 기억력이 좋다' 그렇다면 이것을 나의 꿈으로 연결시켜보면 어떨지 생각해봅니다. 기억력이 좋으면 뭘 잘할 수 있을까, 어떤 직업에 연결될 수 있을까, 내가 잘하긴 하지만, 기억하는 것 자체를 좋아하는지 않는지 등을 파악해봅니다. 기억력에 관련된 여러 가지 연상 단어들을 최소 10가지 열거해 봅니다. 나온 내용에서 꼬리에 꼬리를 계속 뭅니다. 될 수 있으면 글로 남겨야 합니다. 그래야 추적이 가능합니다.

1. 기억력이 좋다.

1) 책에서 한 번 읽은 내용을 잘 잊어버리지 않고, 사람들 앞에서 곧잘 내용을 꺼내서 활용한다.

2) 나는 뭔가를 기억하려고 굳이 노력을 하지 않아도 그냥 기억이 되고, 또한 기억하는 일도 그다지 싫지는 않다. 그리고 기억했던 것을 써먹을 때는 희열을 느낀다.

3) 어라! 그러고 보니 내가 사람들 앞에서 곧잘 내용을 써먹는 것을 좋아하는구나, 그렇다면 사람들 앞에서 말하는 직업은 어떨까? 강사? 음 이것도 고려해보자.

4) 하지만 기억력이 좋은 것이 장점이 될 수도 있지만, 단점이 될 수도 있다. 머리만 믿고 그만큼 노력을 게을리한다. 그것도 단점이므로 기억력을 나의 경쟁력으로 삼으려면 노력을 게을리하는 단점을

먼저 없애야겠구나.

이런 식으로 글로 풀어서 계속 써 내려갑니다. 그 어떤 내용도 좋습니다. 그냥 머리에 스치고 지나가는 생각을 잡아서 글로 써 넣기만 하면 됩니다. 글을 잘 쓰려고 노력하다보면 생각을 놓치게 됩니다. 그냥 계속 생각나는 대로 쓰면 됩니다.

1순위 '기억력이 좋다'에서 끝장을 봤으면 2순위로 넘어갑니다. 2순위 '암산을 잘한다'와 연관되는 단어나 문장을 계속 받아적습니다. 그러다보면, 이미 써 놓은 글과 반복되는 부분이 나타나게 되고, 이런 부분이 자신의 꿈에 대한 결정적인 단서를 제공해줍니다. 1시간이 걸릴 수도 있고, 2시간이 걸릴 수도 있습니다. 하다보면 내가 어떻게 이런 생각을 해냈는지 놀라게 되고, 서서히 자신의 꿈이 뭔지 윤곽이 나타나기 시작합니다.

한번으로 안 되면, 다음 기회에 처음부터 똑같이 실시합니다. 처음에 작성해놨던 글을 버리지는 않습니다. 그것과 다시 현재 쓴 것과 비교해보면서 반복되는 단어나 문장을 파악하면 꿈 찾기는 더욱 쉬워집니다. 본인에게 솔직해지는 시간을 갖는 것이기 때문에 아무도 없는 조용한 곳에서 하는 것이 바람직합니다.

꿈 찾기를 할 때, 이런 경우도 생깁니다. 진짜 꿈이라는 확신이 강력하게 들어 조금씩 시작했는데, 하다보니까 별로 재미있지도 보람되지도 않고, 내가 이걸 왜 하는지 모를 때가 있습니다. 헛다리를 짚은 것입니다. 충분히 헛다리를 짚을 수 있습니다. 그럼 원점으로 돌아가 자신의 꿈 찾기를 다시 시작해야 합니다.

또한 잘하는 것과 좋아하는 것과의 차이점도 알아두어야 합니다. 잘하는 것을 꿈으로 삼을지, 좋아하는 것을 꿈으로 삼을지에 대한 고민이 필요합니다. 고민을 깊게 할 필요는 없습니다. 나중에 자연스럽게 알게 됩니다. 둘 중 나를 행복하게 만드는 것이 진짜 꿈입니다.

잘하는 것을 꿈으로 삼을지,

좋아하는 것을 꿈으로 삼을지에 대한 고민이 필요합니다.

고민을 깊게 할 필요는 없습니다.

나중에 자연스럽게 알게 됩니다.

둘 중 나를 행복하게 만드는 것이 진짜 꿈입니다.

진짜 꿈 구별법 1

장석주가 쓴 책 《비주류 본능》에는 이런 이야기가 나옵니다.

내가 아는 사람 중에 중국어를 배우고 싶다고 말한 사람이 있었다. 10년 뒤에 다시 만났을 때 그는 여전히 중국어를 배우고 싶다는 타령을 했다. 중국어를 정말 배우고 싶다면 당장에 중국어 학원에 달려가 등록하고 열심히 배워야 한다. 건강을 위해 운동을 해야지, 하고 말만 하는 사람도 마찬가지이다. 당장에 헬스클럽에 달려가 등록하고 꾸준히 운동을 하는 게 중요하다.

중국어를 배우고 싶다고 하면서 10년 째 중국어를 배우지 않는 사람에게 중국어 배우기는 진짜 꿈이 아닙니다. 건강을 위해 운동을 해야지, 하고 말만 하는 사람도 마찬가지로 운동하는 것도 그 사람에게 는 진짜 꿈이 아닙니다. 진짜 꿈은 누가 시키지 않아도 하는 것이며, 진짜 꿈은 잠을 줄여서까지도 할 수 있는 것입니다. 남들이 하니까 하는 일, 안 하면 불안하니까 하는 일, 혹은 사회적 시각에서 봐줄 만 하니까 하는 일과 진짜 꿈과 혼동하고 있는지 검토해봐야 합니다.

따라서 중국어를 배우고 싶다고 하면서 10년째 중국어를 배우지 않는 사람에게 중국어 배우기는 그냥 헛된 꿈이지 진짜 꿈이 아니기 에, 과감히 버리고 정말 진짜 자신의 꿈을 찾아야 합니다. 헛된 꿈을 바라다보면 결국 실천도 더딜 뿐더러, 거기에서 오는 행복도 없습니 다. 진짜 꿈은 과정 자체에 행복을 느낄 수 있습니다. 중국어를 하나 하나 배워가는 과정에서 행복을 알게 되고, 그것이 계속 쌓이고 쌓여 서 나중에는 정말 중국어를 잘할 수 있게 되는 것입니다.

자신의 꿈을 지금 검토해봅니다. 어떤 사람이 스타 강사 김미경이 부러워서 나도 유명 강사가 되어야지라고 막연히 꿈을 꾸었습니다. 그는 그냥 꿈만 꾸었습니다. 매일 《시크릿》이라는 책에서 알려주는 대로 비전보드에 김미경 강사의 사진을 붙여놓고, 시각화를 계속했 습니다.

과연 그는 강사가 될 수 있을까요? 강사가 진짜 꿈이었다면 그는 당장에 김미경 강사를 찾아갔던지, 강사 학원을 등록한다든지, 강사에 관련된 책을 찾아봤을 것입니다. 즉, 진짜 꿈과 가짜 꿈의 차이점은 즉시 바로 행동화로 옮길 수 있었는지 없었는지를 파악하면 됩니다.

작가가 되기로 결심했다면, 오늘 작가가 되기 위한 일을 얼마나 했는지 물어보면 됩니다. 글을 한 줄이라도 썼는지, 책을 한 쪽이라도 읽었는지 말이죠. 축구선수가 되기로 결심했다면, 오늘 축구선수가 되기 위한 일을 얼마나 했는지 물어보면 됩니다. 공을 찼는지, 축구 이론을 공부했는지, 관련 영상을 시청했는지. 이도 저도 아니면 그건 진짜 꿈이 아니니 그냥 훌훌 털고 다른 꿈을 찾는 게 더 낫습니다.

진짜 꿈 구별법 2

자신의 진짜 꿈을 구별하는 방법이 몇 가지 더 있습니다.

1. 몸살로 3박 4일 앓고 나서 제일 먼저 하는 일

매일 꿈 시간을 갖다가 덜컥 몸에 무리가 생겨 몸살을 앓게 되었습니다. 3박 4일 동안 꿈쩍도 하지 못하고 치료에만 집중했습니다. 몸살에서 벗어날 즈음 제일 먼저 한 것은 책상 앞에 앉아서 원고를 쓰는 일이었습니다. 이처럼 하루라도 하지 못하면 안달 나는 증세가 보이는 것이 진짜 꿈입니다. 매일 조금이라도 글을 쓰고 싶은데, 그걸 못했으니 얼마나 답답했겠습니까.

2. 해도 해도 쉽게 지치지 않는 일

진짜 꿈이라면 쉽게 지치지 않게 됩니다. 재미가 있고 흥미가 있기 때문입니다. 일처럼 느껴지지 않습니다. 놀이에 가깝습니다. 지겹지 않고, 오히려 하면 할수록 힘이 더 세지는 느낌입니다.

3. 빨리 배우는 일

다른 사람보다 빨리 배운다는 의미가 아닙니다. 자신이 배우는 것들 중에서 비교적 빨리 배운다는 의미입니다. 칼질을 배웠는데, 굉장히 습득 속도가 느리다면 진짜 꿈이 아닐 가능성이 높습니다. 컴퓨터를 배웠는데, 칼질보다 습득 속도가 빠르다면 그쪽이 진짜 꿈일 가능성이 높다는 의미입니다.

4. 즐거운 일

그 행동을 하는데 있어서 즐거움이 넘쳐납니다. 억지로 누가 시켜서 하는 일이 아니라 자발적으로 하는 일이기에 즐거움이 솟아납니다. 내가 즐겁게 그 일을 해나가고 있다면 진짜 꿈일 가능성이 높습니다.

5. 몰두하는 일

자주 몰두하는 모습이 발견된다면 진짜 꿈일 가능성이 큽니다. 재미가 있고, 즐겁기 때문에 몰두하게 됩니다. 음악 감상을 하다가 문득 시계를 보니 벌써 3시간이 훌쩍 지나갔다면, 음악에 관련된 일이 나의 진짜 꿈일 가능성이 큽니다. 음악에 관련된 일을 점점 세분화하면서 그중 어떤 것이 나에게 맞는 것인지 분석해 봐야 합니다. 감상쪽인지, 작곡쪽인지부터 시작해서 감상이라면 클래식인지, 대중가요인지, 대중가요라면 레게인지, 소울인지, 발라드인지, 발라드라면 70~80년대인지, 2000년대인지, 70~80년대라면 이것을 어떻게 나의 꿈으로 연결시킬지 계속 고민해봐야 합니다.

6. 돈을 벌지 못해도 그 일이 자꾸 당기는 일

돈 때문에 그 일을 하는 것이 아니고, 완전히 내 만족으로 그 일을 하고 싶다면 진짜 꿈일 가능성이 농후합니다. 진짜 꿈은 순수합니다. 그 어떤 조건이 삽입되면 곤란해집니다. 돈을 많이 벌기 위해서, 사람들에게 존경받기 위해서 ○○이 되어야지 하는 것은 진짜 꿈이 아닙니다. '~하기 위해서'라는 단서가 붙으면 가짜 꿈이 됩니다. 진짜 꿈은 이렇습니다.

'작가가 되고 싶다. 위대한 작가가 되고 싶다. 글 쓰는 것이 좋고, 책 읽는 것이 좋다. 그래서 작가가 되고 싶다. 돈을 못 벌어도 괜찮다. 그냥 그 일 자체가 재미있고, 나에게 만족을 준다. 그게 다.'

7. 누가 뭐라고 해도 하고 싶은 일

부모님이 그 일을 하지 말라고 뜯어말려도 그 일이 하고 싶다면 진짜 꿈일 가능성이 큽니다. 세상 사람들이 다들 미쳤다고 손가락질 하면 거의 진짜 꿈입니다. '미쳤다'는 소리를 들으면 거의 진짜 꿈입니다. 이런 반응이 들려오면 바로 알아차려야 합니다. 진짜 꿈은 본인 스스로가 만족하는 것입니다. 남들만 인정해주고, 칭찬해주면 진짜 꿈이 아닙니다.

8. 방해받고 싶지 않은 일

다른 일은 다 참겠는데, 사진 찍는 시간은 왠지 방해받고 싶지 않다면 그것이 진짜 꿈일 가능성이 큽니다. 영화감상할 때는 핸드폰을 꺼두고 싶고 한 편 올곧이 볼 때까지 어느 누구의 방해도 받지 않기를 원한다면 그게 진짜 꿈일 가능성이 큽니다. 영화감상을 꾸준히 몇 년 동안 취미로서 해왔다면, 그것을 진짜 꿈으로 연결시켜 보는 것도 좋습니다. 감상평도 써보고, 다른 영화와 비교도 해보는 작업을 하는 것입니다. 그러다보면 영화평론가가 되어 매일 영화를 보면서 살 수 있는 꿈 같은 날이 올지도 모릅니다.

9. 제일 많이 생각하는 일

진짜 꿈이라면 그 일에 대해 자는 시간까지도 생각하게 됩니다. 하루 중 제일 많이 생각하게 되고, 수시로 그 생각밖에 없게 됩니다. '꼭 하고 싶고, 내일 죽어도 이 일은 반드시 하고 죽겠다'라는 결연한 의지가 용솟음치게 됩니다.

10. 나를 능동적이고 적극적으로 만들어 주는 일

세상만사 다 귀찮아도 그 일을 할 때면 사람이 굉장히 적극적으로 변한다면, 또는 밥 차려 먹는 것도 귀찮고, 회사 가는 것도 귀찮은데, 책 읽고 글 쓰는 것에는 굉장히 적극적이라면 그게 진짜 꿈입니다. 축구를 봐도 시큰둥하고, 야구를 봐도 시큰둥한데, 골프를 보면 눈이 돌아가면서 굉장히 적극적이라면 골프쪽이 진짜 꿈입니다. 그것을 자신이 알아차려야 합니다.

'나는 어떤 일을 할 때 적극적이 되는가?'

스스로도 찾아보고 가까운 가족에게도 물어봐야 합니다. 특히 배우자는 내가 모르는 것을 알고 있는 경우가 많습니다. 배우자에게 물어보는 것도 좋습니다.

자.
이제 자신을 테스트해 봅시다

　여기까지 글을 읽었다면 이제 매일 조금씩 할 수 있는지 테스트해 보도록 하겠습니다. 본인 스스로 '나는 과연 여기에서 말한 대로 매일 조금씩 뭔가를 할 수 있는가?'를 생각해봅니다. 테스트 방법이 있습니다.

　글만 알면 누구든지 할 수 있는 방법입니다. 바로 책 한 권 읽기입니다. 책 읽는 것을 좋아하지 않는 사람이라면 더 좋습니다. 인내심과 끈기까지 테스트할 수 있으니 말이죠. 책은 어떤 책을 고르느냐, 자신과 전혀 관계없는 책을 고르면 됩니다. 예를 들어 전기공학도면 인문학 책을 읽어본다든지, 문학도면 전기공학 책을 읽어보는 것입니다. 아무튼 자신이 딱 봐서 '이거 진짜 읽기 싫다'라는 느낌이 드는 책이면 됩니다.

저는 마이클 샌델이 쓴 《정의란 무엇인가》를 고르겠습니다. 책은 총 404쪽입니다. 자, 먼저 목표를 세웁니다.

'나는 이 책을 완독하겠다.'

그리고 실행계획을 세웁니다.

'매일 한 쪽씩 읽겠다.'

그러면 404일이 걸릴 것입니다. 즉, 404일 후면 이 책을 완독하는 것입니다. 내용은 생각보다 어렵습니다. 예전에 저는 이 책을 들었는데, 완독하지 못했습니다. 내용이 생각보다 난삽했기 때문입니다. 다른 사람들은 어떻게 이 책을 읽을까 싶습니다. 베스트셀러인데, 우리나라 독서 수준이 이렇게 높았는지 의아스럽습니다.

자, 그럼 한번 시도해 봅니다. 자신이 꿋꿋히 버텨나가는지 중도 포기하는지 테스트해 봅니다. 하루에 한 쪽입니다. 하루에 한 쪽 읽는 것은 정말 쉽습니다. 화장실에서 일 보면서 읽어도 되고, 점심시간에 밥 먹고 잠시 읽어도 됩니다. 등교시간에 한 장씩 찢어 갖고 다니면서 읽어도 좋습니다.

처음에는 굉장히 쉬울 것입니다. 누워서 떡 먹기보다 쉽게 느껴집니다. 그런데 3일 정도 지나게 되면 상황이 조금씩 바뀌기 시작할 겁니다. '이걸 왜 내가 하루에 한 쪽씩 읽어야 되지?'라는 의문이 용솟음칠 것이며, '하루에 한 쪽씩 읽어서 언제 다 읽어, 그냥 하루에 한 장씩 읽으면 안 돼?'라는 의욕이 생겨날 수도 있습니다. 서서히 머리가 약삭빠르게 굴러가기 시작하는 것입니다. 이 핑계 저 핑계를 대기 시작하면서 자꾸 자신과 타협하려 들 것입니다. 책이 재미라도 있으면 좋으련만 재미가 없어도 너무 없다고 느껴집니다. 그래도 꿋꿋이 원래의 계획대로 하루에 한 쪽씩을 고집해야 됩니다.

재미가 있든 없든 계속 가야 합니다. 왜냐면 그렇게 하기로 결심했기 때문입니다. 많은 양도 아니고 하루에 한 쪽인데 어려울 게 없습니다. 할 수 있습니다. 끝까지 테스트해 봅니다. 404일 계획에 과연 며칠이나 하는지 자신을 바라봅니다. 물론 바쁜 날은 못해도 상관없습니다. 일이 있는 날은 못해도 됩니다. 일주일간 가족여행을 가야 하기 때문에 도저히 읽을 시간이 없다면 안 읽어도 좋습니다. 대신 갔다 와서는 읽어야 합니다. 포기만 안 하면 됩니다.

어떤 사람은 800일 만에 완독할 수도 있을 것입니다. 성공입니다. 반대로 200일 만에 끝내면 실패입니다. 매일 조금씩 하는 끈기를 키우기 위해 이 테스트를 하는 것이기 때문입니다. 열심히 하는 것이 아닌 매일 꾸준히 하는 것을 보기 위함입니다. 열심히 읽으면 3일이면 다 못 읽겠습니까? 열심히 읽는 게 아닌, 포기하지 않고 매일 조금씩 꾸준히 하는 것을 테스트하는 것을 잊어선 안 됩니다. 자, 도전해 봅시다!

꿈 없이 사는 것도 나쁜 것은 아닙니다. 본인이 만족한다면 문제되지 않습니다. 다만, 마음속 깊숙이 숨어있는 꿈에 대한 욕망이 꿈틀거린다면 당연히 꿈을 찾아 나서는 게 맞을 것입니다. 꿈 없이 32년을 허송세월 보냈던 제가 꿈을 꾸기 시작하자 세상이 변하는 것을 느꼈습니다. 푹 퍼진 라면 같던 인생이 쫄깃쫄깃한 쫄면처럼 쫀쫀해졌습니다. 활기가 생겼습니다. 매일 그저 그랬던 하루가 의미 있는 날로 다가오게 되었습니다. 내가 변하자 세상도 변하기 시작한 겁니다.

꿈이 생기고 꿈을 이루기 위해 저는 '매일 조금씩' 저에게 투자했습니다. 많이 하지는 않았습니다. 저 같이 허약하고, 약골이고, 우유부단하고, 의기소침하고, 시무룩한 사람에게 '열정'이란 단어는 너무나 멀게만 느껴집니다. 그냥 매일 조금씩 할 힘만 있을 뿐입니다. 이것만으로도 목표 없이 살던 시절보다는 더 나은 삶을 살 수 있다고 믿습니다.

32살에 책을 내보자는 꿈이 생기고 나서 8년 동안 깔짝거리기만 했는데 이렇게 꿈을 이루었습니다. 지금 생각해도 신기할 따름입니다. 저는 막막한 인생을 열정적으로 열심히 살지 않습니다. 앞으로도 계속 이렇게 매일 조금씩 깔짝거리며 살아가고 싶습니다. 그래도 이룰 수 있는 것이 얼마든지 널려있다고 믿고 있습니다. 제 글로 인해 용기를 얻는 분이 많이 생겼으면 참 고마울 것 같습니다. 부족한 글 끝까지 읽어주셔서 감사합니다.